宮部みゆきが「本よみうり堂」でおすすめした本 2015-2019

宮部みゆき
作家

中公新書ラクレ

はじめに

中公新書ラクレの読者の皆さん、初めまして。私は宮部みゆきと申します。一九八〇年代の終わりから、ずっとミステリー作家として活動してきました。ここ十年ほどは時代ミステリーが主な仕事になっていますので、若い読者の皆さんには、あまり私の名前を知っていただく機会がないだろうと思います。

本書は、私が毎週日曜日に読売新聞朝刊に掲載される書評欄「本よみうり堂」に書いた書評を集めたものです。「本よみうり堂」で書評を担当するのは二十数名の読書委員でして、様々な分野の専門家が集まります。どの委員がどんな本を取り上げるのか検討・決定する会議は読書委員会といい、一ヵ月に二、三回開催されます。私は二〇一五年にこの読書委員をお引き受けして、現在も続けて任に就いています。

本書では、二〇一五年から二〇一九年の五年間に書いた書評を集めました。小説の場合、取り上げた当時は新刊の単行本で、現在では文庫本になっているケースが多いようです。ノンフィクション系の本では、たまに品切れで新刊書店では入手しにくくなっている場合もありますが、刊行から十年以内の本ばかりですので、古本屋さんや図書館では、さほど苦労せずに見つけていただけるだろうと思います。

私はこれという専門もなく、ただミステリーが大好きなだけで作家になった典型的なファンライターですので、読書委員としても、そのとき「面白そうだ」「この本をぜひ紹介したい!」と思ったものを片っ端から選んでいます。皆さんもどうぞ、どのページからでもかまいませんので、自由に読んでみてください。もしも本書が、皆さんと新たな本との出会いをつくるきっかけになれましたなら、何よりも嬉しく思います。

二〇二三年十一月吉日　　宮部みゆき

宮部みゆきが「本よみうり堂」でおすすめした本　2015-2019◎目次

2016年に
おすすめした本

2017年におすすめした本

2018年におすすめした本

2019年に おすすめした本

宮部みゆきが「本よみうり堂」でおすすめした本

2015-2019

2015年に
おすすめした
本

1月4日付

『営繕かるかや怪異譚』

小野不由美

怪異を祓わぬ理由

営繕とは、建物を新築・修繕することである。本書は、その〈修繕〉の方を話の核とした六つの短編で構成されている。タイトルどおり、どのエピソードも住居や場所をめぐる怪異譚であり、各話の登場人物たちは種々の怪現象に見舞われ、はっきりと幽霊らしきものを目撃してしまう場合もあるし、もっと恐ろしい異形のものを間近にしてしまう者もいる。

困惑し、怯え、途方にくれる彼らを救う役割を担うのが、「営繕　かるかや」の尾端という青年だ。彼は霊能者ではない。僧侶でもない（僧侶の友人はいる）。本人も自分を「大工です」と言う。実際、彼が怪現象への対策として行うのは、あるときは座敷の、あるときはガレージの改修工事だ。施主にはどんな作業をするのか事前に説明し、費用のほども見積もって提示する。百パーセント、大工さんの仕事である。それで怪異は鎮まる。少なくとも、各話の登場人物たちがその家に、その場所に留まって生活を続けるには充分なほどに。尾端は除霊したわりではなく、何かを浄めたわけでもない。彼は怪異を排除しない。そもそも、怪異を必ず排除しなければならないものだと考えてはいない。だから、過去の出来事が原因でその建物や場所についた〈疵〉の手当てをし、結果として、当事者がその怪異と折り合いをつけられるように計らうだけである。

怪異という形で立ち現れている時間の積み重ねを、壊して祓って断ち切ってしまうのではなく、受容しやすいように直した上で引き継いでいく。これが至極まっとうで現実的なやり方であることは、〈怪異〉を〈不仲〉や〈揉め事〉等のより日常的な言葉に置き換えてみれば、すぐ腑に落ちるだろう。

絆を大切にするというのは、実はこういうことなのだ。読後に、目が覚めたような気分でそう思う。この作者にしかできない希な技を目の当たりにした喜びを噛みしめながら。

角川文庫

『つくられる偽りの記憶　あなたの思い出は本物か？』

1月18日付

越智啓太

記憶のメカニズム

人間は記憶の保管庫だ。でもその保管状態はパーフェクトではない。記憶はしばしば欠落・変質するし、あとから刷り込まれることもある。

認知心理学の分野では、こうした記憶の仕組みを解明する実験や研究がたくさん行われ、確かな、それでいて私たちの日常的な思い込みを翻すような知見が得られている。でもその詳細は素人には難しくて、敷居が高い。そこで本書のような入門書の出番だ。「その目撃証言は本物か？」「体験しなかった出来事を思い出させることはできるのか？」など、短編ミステリーのような謎解きの全六章を読み通せば、記憶のメカニズムについて、現時点でほぼ最新の正しい知識を身につけることができる。

さらにコラムページの、〈記憶もの〉のSF・サスペンス映画の解説とガイドがまた楽しい。『ボーン・アイデンティティー』の主人公ジェイソン・ボーンはなぜ戦闘スキルを忘れていないのか。『インセプション』に盛り込まれている記憶研究の最先端の知識は？　映画評としてもユニークで、ＤＶＤを探しに行きたくなりますよ。

ＤＯＪＩＮ選書

『捏造の科学者　STAP細胞事件』

須田桃子

2月1日付

打ち砕かれた希望

夢のSTAP細胞は、事件として終わってしまった。期待が大きかっただけに失意も深く、犠牲者が出たことも痛ましく、早く忘れてしまおうという空気が濃いなかで、本書はその全容をまとめた丁寧なルポルタージュである。昨年一月の華やかな記者会見から、疑義の発生、論争と検証の展開を時系列で記し、年末には論文執筆者自身の手で行われた検証実験の結果が出る予定だ、というところまでカバーしてある。科学記者として、難しい問題点をできるだけ嚙み砕いて解説しようという著者の姿勢も親切で、カラー写真や図版が理解を助けてくれる。

十九世紀の生物学者トーマス・ヘンリー・ハックスレーは、「誰が正しいかではなく、何が正しいかを問うべし」と言ったという。それは科学者にとって、もっとも理想とされる姿勢だろう。でもその一人一人は人間で、人間には情があり、希望がある。つまり心がある。心にとって、理想とは時に残酷なものだ。著者が事実を追いかけ記事を書きながら、事件に巻き込まれ、当事者の一人になってしまった尊敬する科学者の心情を思いやり、つい涙してしまったというくだりでは、私も胸が詰まった。

本書の帯には、「誰が、何を、いつ、なぜ、どのように捏造(ねつぞう)したのか?」とある。これは、推理小説のプロットを組み立てるときの基本要素と同じだ。なかでも「なぜ」は、「この行いによって利益を受けるのは誰か」という、謎の核心に直結する。

推理小説を読むように本書を読了し、悲しみと共に愕然(がくぜん)とするのは、STAP細胞事件には、この「利益を受ける誰か」が存在しなかったということだ。誰にもいいことがなかった。誰もが傷ついた。犯罪がペイしないように、捏造もまたペイしない。それは希望のみを優先し、地道に一歩ずつ現実を切り開く科学的なものの考え方に背く行為であり、結果として、大切だったはずの希望をも打ち砕いてしまうのだ。

文春文庫

『障害のある子の家族が知っておきたい「親なきあと」』

3月1日付

渡部　伸

前向きに現実的に

終活はもう耳に馴染(なじ)んだ言葉だし、今後ますます身近なものになってゆくのだろう。だが、本書のテーマほど切実な終活はほかにあるまい。

著者は行政書士で、障害のある子を持つ家族のために「親なきあと」相談室を運営している。本書の内容も、その活動に沿った具体的なアドバイスだ。行政による福祉サービスのあらまし、お金の管理や日常のケアとサポートを誰に（どこに）ゆだねるか、子の支援者に資料として残すためのライフスタイルカルテ（略称ラスカル）作成の勧め。ひとつひとつ解説しながら、本書を必要とする読者に著者が語りかけるのは、「焦らない」「思い詰めない」そして「何とかなるさ」。どれほど愛情深い親であっても、不死身にはなれない。だから、できるだけ前向きに現実的になりましょう、と。

本書はまた、障害のある子の家族が胸の内にどんな不安を抱えていて、どういう支援を求めているのかを逆照射する貴重なガイドブックでもある。障害者福祉の現場で働く方々はもちろん、それを支える法制度を作る皆さんも、ぜひご一読を。

主婦の友社

『進化とは何か　ドーキンス博士の特別講義』

リチャード・ドーキンス

自然科学の価値とは

3月8日付

　もう四半世紀は前になるだろうか。何かヘマをすると、すぐに「私が悪いんじゃないの。みんな遺伝子のせいなのよ。だって私は遺伝子の乗り物でしかないんだもん」と言い訳するおふざけが流行(はや)ったことがある。「個体は遺伝子が自己複製するための乗り物に過ぎない」という、「利己的な遺伝子」論をおちゃらかしていたのだ。実は私もさんざんやりました。

　この学説の提唱者である進化生物学者リチャード・ドーキンス博士のお膝元にもそういうお調子者が多くて、博士は「そうやって何でもすぐ笑い話にしてしまう君たちは、そもそも進化という言葉の意味と、その理論をきちんと理解しているのかな?」と疑念を抱いた（のかもしれない）。これは基本からわかりやすく教えなければいけないと思った(に違いない)。

というのはもちろん冗談で、英国王立研究所では、子供たちを聴衆にし、実演(デモ)をふんだんに取り入れた科学のレクチャーを、何と一八二五年から続けているのだという。本書はドーキンス博士がその伝統に則(のっと)り、一九九一年のクリスマスに行った全五回のレクチャーの全容を完全書籍化したものである。二百点以上もの写真を眺めているだけでも興味深い贅沢(ぜいたく)な一冊だ。当時は五十歳だった博士のイケメン紳士ぶりに驚くというミーハーなおまけもある。

レクチャーの本題は「宇宙で成長する」。この「成長する」には三つの意味があるという。一つめはあなたや私の成長である「個体発生」。二つめは惑星上のすべての種や生命体が進化の過程を経てゆく「系統発生」。三つめは「宇宙に対する大人の認識をもつということ」。三つめのお題を見ればわかるように、博士はこの特別講義で、自身の専門である生物進化論を核に、自然科学そのものの意味と価値を説いている。巻末の編訳者・吉成真由美氏によるインタビューを読むと、その感はさらに強く胸に——そう、私たちの利己的な遺伝子にも響いてきます。

原題:GROWING UP IN THE UNIVERSE　ハヤカワ文庫NF

3月22日付

『日本発掘！　ここまでわかった日本の歴史』

文化庁 編

考古学への熱い想い

昨年七月から今年一月にかけて文化庁主催で開催された連続講演の書籍化である。全七章のうち六章は、旧石器・縄文・弥生・古墳・古代・中世の六つの時代の研究成果を専門の研究者が順番に解説し、七章で全体を総括。この国の成り立ちを探索してきた軌跡を語っている。個々の研究者の語り口からは考古学への熱い想(おも)いが感じとれるし、弥生時代のムラの人びとは何を食べていたのか、二、三世紀に土器（それを作って使う人びと）が列島内を広く活発に移動していたことと大和政権との関わり、飛鳥の石神遺跡にある噴水仕掛けの不思議な石像物の意味などなど、教科書の限られたページには収まらないトピックがいっぱいだ。

本書をお勧めする理由はもうひとつ。二〇〇〇年に旧石器遺跡の捏造事件が発覚したとき、「日本の考古学はもう終わりだ」的な言説が飛び交ったけれど、そんなことはないと申し上げたいのだ。我が国の考古学研究は確かにダメージを受けた。でもそこから立ち直り、前進を続けている。考古学に青雲の志を抱く少年少女の皆さん、どうぞ安心して学んでください。

朝日選書

4月5日付

『絶対に行けない 世界の非公開区域99
ガザの地下トンネルから女王の寝室まで』

ダニエル・スミス

伊勢神宮もラインナップ

この写真、二〇一一年に衛星がとらえたゴビ砂漠の不明建造物だそうである。これ何でしょうね。巨人のあみだくじ？ シュールな太陽光発電施設？

本書は米国大統領執務室のように著名なところから、太平洋巨大ゴミベルトのようなタブーな場所、〝小鬼の穴〟エルドシュテーレのような謎めいた史跡、グアンタナモ湾収容所のような国際問題の暗部まで、多種多様な九十九ヵ所の非公開区域へ案内してくれる。コカ・コーラのレシピ保管庫なんて、都市伝説みたいでびっくりだ。写真ではなくイラストのページもあるが、あのナショナルジオグラフィックでさえ撮影できない場所なのかと思えば、いっそうスリリング。神聖で神秘なスポットとして伊勢神宮が選ばれているのが、ちょっと嬉しい。小野智子、片山美佳子訳。

原題：99 PLACES YOU WILL NEVER VISIT THE WORLD'S MOST SECRET LOCATIONS

日経ナショナル ジオグラフィック社

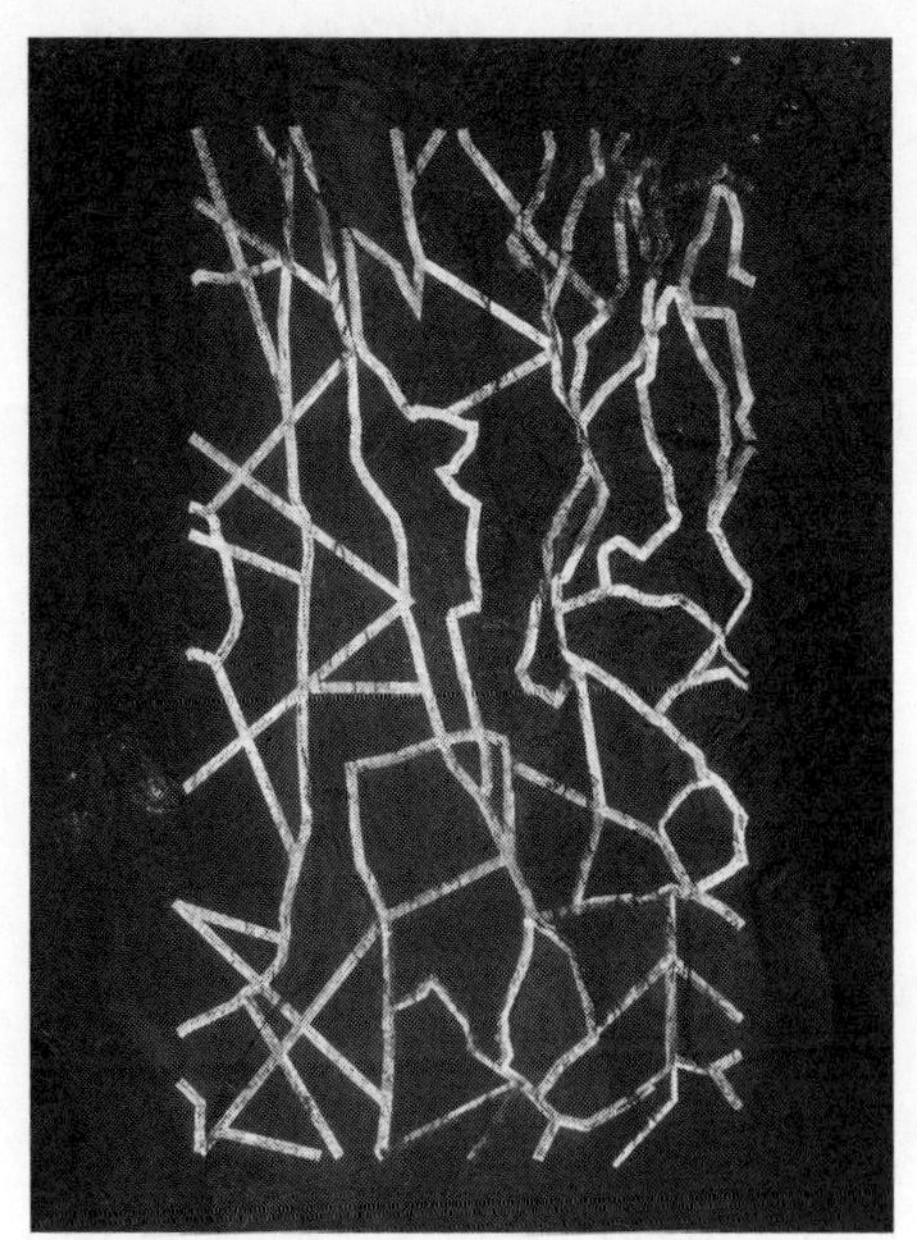

『絶対に行けない 世界の非公開区域99』より
写真：Science Photo Library/アフロ

『岩は嘘をつかない　地質学が読み解くノアの洪水と地球の歴史』　4月26日付

デイヴィッド・R・モンゴメリー

ノアの方舟の謎解く

西欧社会には、聖書の記述が全て事実であると信じ、自然科学の領域の出来事も、ことごとくその記述に合わせて解釈する「創造論」という考え方がある。それによるとこの世界は数千年前に誕生し、地球の地形は聖書に記された大洪水によって一気に完成したことになる。つい苦笑してしまうけれど、これはその信奉者たちにとっては立派な「学説」なのだ。

この空前絶後の大洪水――近年、大スペクタクル映画にもなった「ノアの方舟（はこぶね）」の逸話は、創造論の核のひとつだ。でも、これまで地球上の各地で、実際に何度も発生している局所的な大洪水は、創造論者が唱えるようなものとは違う。ただその地域にとっては途方もない天変地異だから、記録や伝承が残されている。著者は地質学者として、地層と岩に刻み込まれている大洪水の痕跡からその原因とプロセスを読み取り、それがその地点の文明社会にどんな影響を与え、事後どのように語られて伝搬し、聖書の「ノアの方舟」の逸話として完成されていったのか、謎解きを試みてゆく。

地質調査を過去へと掘り進めつつ、人が営々と紡いできた神話や伝承という物語の川を遡るのは、地質学と創造論、自然科学と宗教の対立の軌跡をたどり直す作業でもある。すると、その過程で意外なことがわかってきた。地質学と創造論は常に相容れなかったわけではなく、時には互いに補完的な役割を果たし、影響を与えあってきたのだ、と。それは「戦いというよりはダンスに近い」営みだった。

もちろん、だからといって地質学の成果が創造論に道を譲ることはない。著者はこう綴る。「悠久の地質時代を実感したときの感動は、信仰に匹敵すると私は思っている。いずれの場合にも、自分よりはるかに壮大なものや無限を味わうことができるからだ」。

この想いこそが、真の「敬虔」というものではないだろうか。黒沢令子訳。

原題：THE ROCKS DON'T LIE　白揚社

5月10日付

『定職をもたない息子への手紙』

ロジャー・モーティマー、チャーリー・モーティマー

息子を見捨てない父

英国のある父親が、二十五年にわたって息子に手紙を書き送り続けた。そのたくさんの手紙を整理して、当の息子がコメントをつけて本にした。それが本書だ。手紙を通して父親に怒られたり、励まされたり、愚痴られたり、何か頼まれたりしている息子のチャーリーは一九五二年生まれ。私より少し上の世代だ。父親のロジャーは一九〇九年生まれ。この年代の父子だから、メールじゃなくて手紙なのである。

チャーリーは典型的なドロップアウト君で、名門イートン校から落ちこぼれるのを手始めに、転々と職を変え、居所も落ち着かずに、飄々と人生をさまよう。ベテランの競馬ジャーナリストとして成功している父親のロジャーは、そんな息子の生き方を叱り、その心身の健康を案じる。但し、あくまでもユーモラスに。

「お前に深刻な手紙を書くのは、寝室用のスリッパを履いて重さ三十トンのコンクリートの塊を蹴っ飛ばすのと同じくらい無駄なことだと、私には分かっている。それでもお前のことが心配だから、やはり書かずにはいられない」

本書の最大の魅力は、何だかんだ言っても父ロジャーが息子チャーリーを愛していて、ひたすら手紙を「書き続けた」という一点にあるのだと思う。父はチャーリーを見捨てなかった。手紙で家族の近況を伝え、自分の気持ちを打ち明け、ずっと、おまえがどこにいようと私はここにいるよと知らせ続けた。

「父の死後二十年が経ち、僕も、彼が手紙を書き始めてくれて間もないころと同じ、六十歳になった。僕がまだ生き延びており、それなりに幸せな日々を送っていることを知ったら、父もきっと喜んでくれるのではないだろうか」

本書を読了し、あらためて序章のこの一文に戻ったら、泣けてしまいました。叱られ息子チャーリーも、父の愛情にちゃんと応えながら年月を経て、あのころのロジャーと同じ歳になったのだ。とても、とても、羨ましい。田内志文訳。

原題：DEAR LUPIN　ポプラ社

5月24日付

『デブを捨てに』
平山夢明

ひどいのにひどくない

最初にお詫(わ)びしておきます。本書のタイトルはちょっとどうかと思う。四話収録の短編集で、第三話にはもっとどうかと思う言葉がタイトルに使われているし、全編に、ここに記すのを憚(はばか)られる表現が出てきます。ごめんなさい。

平山さんは、まあ、いつもこうなのである。本書の帯にも謳(うた)われている「最悪」を、素足でじゃぶじゃぶ渡る。足がつかない深みでは泳ぐし、潜る。この四話はすべて初出が文芸誌の老舗「オール讀物」。平山さん、「ホントに俺がここで書いていいの?」と戸惑っちゃったのかしら。第一話はやや固い。真骨頂は二、三、四話にある。

平山夢明は平気でデブとかブスとか書き、彼らが陥る最悪の状況を描き、でもけっして彼らを、その泥沼状況を嘲(あざけ)らない。第二話の、テレビの「大家族もの」番組に出演して食っている育児放棄の夫婦。第三話の、自分自身の過去に追い詰められて歪んでゆくバーのマスター。そして表題作の、借金が返せず、闇金のボスに「うでかでぶか」と迫られ、腕を折られたくないばっかりに、ボスの娘（この彼女がもう途方もなく太っているわけです）を殺し屋のところまで連れてゆく男。しょうもない人たちばっかりだ。でも、作者が彼らを嘲っていないから、登場人物たちはそれぞれに、何らかの形で赦しや解放に出会う。

この赦しや解放は、美しいものでも優しいものでもない。常識的に考えたら、ひどい。でも、読了後に「ひどい」と感じないのは、その「ひどい」が、話が始まった時点のひどさと方向を変えているからだ。素材はいわゆる「嫌ミス」とかぶるけれど、ここには「ダメ」はあっても「悪」はない。しょうもない現実だけど、人はたまに（運良く）それを乗り切れるもんだよという希望がある。妙にポップに歌いながら、しょうもない現実の条理を超えてゆく平山作品は、不幸と希望のファンタジーなのだ。

文春文庫

5月31日付

『長くなるのでまたにする。』
宮沢章夫

一瞬の「ひやり」

宮沢エッセイ、待望の新刊。いつもながら爆笑しました。

人が文章を読んで笑うのは、内容や表現が可笑(おか)しいからではない。その語られ方、演出の妙を笑うのだ。本書の「百メートルスイカ割り」や「安い子役」や「残秋」などはその格好の見本で、ここにはギャグ的なフレーズやネタはひとつも見当たらない。すべて日常のなかにある言葉と出来事だ。なのに笑ってしまうのは、宮沢さんの演出力で、それらがきちんとコントを演じてくれるからである。

百メートル先のスイカを割ろうとして棒をかかげてさまよう男は、人生の不条理を背負っている。大事な子役が転んで泣いたら、それは事故だ。ずっと秋が続いて冬がこなかったら、それは異変だ。そういう素材が、このエッセイでは、演出家の明快な方針でコントになっている。私たちは安心して爆笑し、でも自分が笑っている不条理とか事故とか異変とかについて、一瞬ひやりとする。

優れたコントが後を引くのは、この一瞬の「ひやり」があるからではないか——なんてことを書くと長くなるのでまたにします。

幻冬舎文庫

6月28日付

『闇からの贈り物　上・下』

V・M・ジャンバンコ

あっぱれ！　新米女性刑事

作者はイタリア生まれロンドン在住の女性作家。デビュー作の本書は、米国シアトルを舞台にしたサイコスリラー＋警察小説＋リーガルミステリー。作者も作品もハイブリッドです。

発端は、幼い子供も含めた一家四人惨殺というショッキングな事件。しかも、捜査が始まるとすぐに不穏な事実が判明する。被害者家族の夫と、現場に残された物証から浮上した第一容疑者と彼の雇った弁護士は、過去の未解決三少年誘拐事件の被害者とその遺族だったのだ――

あの『ミスティック・リバー』ネタのバリエーションかなあと思ったら、全く違う展開に驚きの一気読み。ストーリーもさることながら、主人公の若き女性刑事アリス・マディスンの人物造形が素晴らしい。タフだけどタフぶらず、自身のややトラウマ的な過去にも縛られず、不用意に恋愛モードになって物語をもたつかせる甘ちゃんキャラでもない。知性を矛に、硬派な職業意識を盾に、粘り強く真相を追う彼女は、これでまだ新米刑事なのだ。あっぱれ！　谷垣暁美訳。　原題：THE GIFT OF DARKNESS　集英社文庫

『ドクター・スリープ　上・下』

7月12日付

スティーヴン・キング

五つ星級の面白さ

二段組・上下巻六百八十ページ余、重量約九五〇グラム、重ねた厚さは六センチ。あのモダンホラーの金字塔『シャイニング』の三十六年ぶりの続編――ではありますが、本書だけでも充分に読み出したら止まらない五つ星級の面白さ。『シャイニング』未読でも、あまり気にする必要はありません。

　とはいえ、訳者の白石朗さんは、あとがきで、『シャイニング』から先にと勧めておられますし、もちろんそれがまっとうなのですが、敢えて逆をゆく手もあります。まず本書を読んで、「かがやき」という特殊能力（ほぼオールラウンドなサイキック能力）の持ち主の孤独な青年ダニー・トランスが、やはり強力な「かがやき」を持つ少女アブラと出会い、やがて力を合わせて「真結族」なる忌まわしい集団と闘うことになる顛末を堪能する。それからおもむろに『シャイニング』のページを繰り、ダニーが幼かったころ、コロラド山中で彼と彼の両親の身に降りかかった「景観荘ホテル（オーバールック）」のひと冬の恐怖を体験する、という読み方です。この順番だと、本書のなかではダニーの追想からおぼろに想像するだけだった「景観荘」の恐ろしい全貌がじわりじわりとスリリングに明瞭になってくる上に、登場人物（ヒトではない場合も多々あり）や、細部の描写やエピソード（装飾庭園とか消防ホースとかスズメバチの巣とか）が本書と絶妙につながっているのを発見して、何度も何度も呻（うな）ってしまうはずです。

ところで、作者も訳者もおっしゃるとおり、キューブリックの映画『シャイニング』は、映画としては名作かもしれませんが、原作とはまったくの別物です。あのなかで最も怖かった山積みのタイプ用紙のシーンは、本書にも『シャイニング』にもありません。『シャイニング』を読んでないから、続編を読む前に映画を観（み）ておこうか——というアプローチはお勧めできません。まっしぐらに書店へどうぞ。

原題：DOCTOR SLEEP　文春文庫

7月26日付

『「音」と身体のふしぎな関係』
セス・S・ホロウィッツ

聴力の起源から説く

「耳とは何かを考えてみよう。耳は、分子の圧力変化を感知する器官だ。私たちは耳が音楽や車のクラクションを聞くことを想像しがちだが、耳が真に『気づいている』のは、振動である」

私たちの祖先である初期の脊椎動物はみんな海に棲(す)んでいた。自分を取り囲む液体の流れを監視するために「側線系」というものを、頭部の角加速度と直線加速度を感知するためには「三半規管」と「耳石器」という器官を用いていたのだという。これらの内部振動センサーが聴力の始まりなので、「言い換えると、耳が存在するようになり、生き物は聞くことを始めたのだ」。脊椎動物の進化の出発点では、振動の感知イコール「音を聞く」ことではなかった。これだけでも新鮮な知見ではありませんか。

著者は神経科学者で、聴力の起源から説き起こし、数々の魅力的なトピックを紹介してくれる。「音楽」を定義することはできる？　音響兵器は現実的なものになり得る？　あるCMソングが頭から離れなかったり、ジングル（サウンドロゴ）に注意を惹かれるのはなぜ？

ひとつだけ選んで紹介すると、映画『ジョーズ』のあまりにも有名なメインテーマ。ジョン・ウィリアムズ作曲のあの「低音の心拍のような」曲が流れると、映画の内容を知らない人でさえ、何か不穏なものが現れそうだと感じるのはなぜだろう。それはね、あの曲が「よりにもよってチューバで演奏される」からなのです。チューバは非常に低い音を出すことができる楽器で、生体力学的進化原則では、より低い音はより大きな音を意味する。生物がつがいの相手を探す場合は、大きな声を出せる個体は好ましい対象になるのだが、それ以外の場合では、大きくて低い声を出す動物はあなたより大きな「何ものか」であって、だからあのテーマ曲を聴くと、私たちは本能的な警戒感を喚起されるのだ――という具合に、夏休みのレポートの素材にもなる知識満載の一冊です。

安部恵子訳。　原題：THE UNIVERSAL SENSE　柏書房

8月2日付

『愛しのブロントサウルス』
ブライアン・スウィーテク

恐竜研究の歴史と今

この欄でご紹介する、夏休みのレポートの素材にもなる新刊その二。お題は恐竜です。アメリカの子供たちは必ず「恐竜期」を通過して大人になるのだそうですが、日本では大人にも恐竜ファンが多いですよね。折あらば「恐竜は実は温血動物だったんだ」「やっぱ鳥類の祖先だから、羽毛があったんだってさ」などと楽しく語り合う。そんなとき、高確率でこんな会話が発生するはず。

「昔、ブロントサウルスって呼んでた首長竜は、本当はアパトサウルスっていうんだってねえ。でも私たちにとっては、あれはやっぱり今でもブロントサウルスなんだよねえ」

本書のタイトルの由来もここにある。恐竜研究は、発見時にはバラバラの状態の化石を手がかりに、土台から仮説を積み上げてゆくものなので、新しいことがわかると、それ以前の仮説がリセットされてしまうことがある。でも、一般に流布した名称や復元図の印象はなかなか消えないし、博物館の展示物も新たな発見に沿ってすぐさま変更されるわけではないから、ブロントサウルスのように愛される幻として存在し続ける恐竜もいる――という話を振り出しに、恐竜研究の歴史と最先端の現状を学ぶことができる充実の一冊。しかも巻末の「訳者あとがき」には、読者ばかりか著者もびっくりの嬉しいどんでん返しが待ち受けていますよ。

ところで、映画『ジュラシック・パーク』の凶暴なハンターぶりで一躍名を馳(は)せたヴェロキラプトルは、実はデイノニクスという恐竜であって、実際のラプトル君たちは七面鳥ほどの大きさだったんですって。といってもあの映画が真っ赤な嘘(うそ)をついているのではなく、ここにもこれらの恐竜の分類・命名の問題がからんでいます。最新作『ジュラシック・ワールド』にも、そういう、ちょっとだけフィクショナルな恐竜が登場しているかも。本書で予習してから観にいきましょう。

原題：MY BELOVED BRONTOSAURUS　白揚社　桃井緑美子訳。

『昭和特撮文化概論　ヒーローたちの戦いは報われたか』

8月23日付

鈴木美潮

日本は八百万の特撮ヒーローの国

『秘密戦隊ゴレンジャー』などのスーパー戦隊シリーズは、一年間完結の連続ドラマが実に四十年間、三十九作品も続いているのだそうだ。我が国の特撮ヒーローを演じる人びとも、その舞台となる番組を作りあげる人びとも、誠実で勤勉で辛抱強いのだ。

その戦いは報われているのだろうか？　讃（たた）えられたり感謝されることを求めないのが真のヒーローであることを知り尽くしている著者が、敢えてこのタイトルを冠している意味は重い。巻末に挙げられている主要参考文献リストを見れば一目瞭然だが、特撮番組や怪獣、戦隊シリーズを扱った類書はたくさんある。が、特撮ヒーローを私たち日本人が求める平和の象徴としてとらえ、社会が変わり世相が移っても、その時代折々の困難を「克服するべき敵」として戦い続ける彼らの存在をひとつの文化だと言い切る、この真っ直ぐなハートは本書だけのものだ。たとえば『仮面ライダー』の宿敵ショッカーを読み解くキーワードは、「公害」と「過激派」なんですよ。終章の「日本は八百万の特撮ヒーローの国だ」は名言！

集英社文庫

8月30日付

『ぼくの短歌ノート』
穂村 弘

軽やかにテーマで切り取る

文芸誌「群像」連載中の「現代短歌ノート」、待望の単行本化だ。近現代の名作から今を生きる若いアマチュアの作品まで、気になる短歌を集め、「賞味期限の歌」「ドラマ化の凄(すご)み」「貼紙や看板の歌」等々のテーマ別に、軽やかに鑑賞してゆく。この歌をどのテーマで切り取るかというところから、鑑賞は始まっている。

「落ちているものの歌」なんて、いったいどんな？　とドキドキしますよね。短歌には馴染みがない方にも、ディープな短歌愛好家にも、もちろん穂村弘ファンにも、たっぷりとおいしい一冊。短歌にはまったくアンテナがなくて、日常生活のなかの名言・迷言集『絶叫委員会』で穂村さんのファンになった私には、入門書としても楽しかった。

読者の意識を言葉の意味よりも音に向けさせる効果を持つという「平仮名の歌」の章

で、お気に入りを発見。

「ねたらだめこんなところでしんじゃだめはやぶさいっしょにちきゅうにかえろう」

小惑星探査機「はやぶさ」の地球帰還ドラマを描いた映画は三作もあるけれど、この一首の方に感動しました。

講談社文庫

『エクソダス症候群』

9月6日付

宮内悠介

知的で幻想的な物語

近未来、人類が火星に大量の労働力を送り込むことが可能になり、かの星を地球化（テラ・フォーミング）しつつ開拓し、資源発掘に勤しむようになると、そこに移民し働く人びとは、どんなストレスにさらされることになるか。苛酷な環境で鬱状態になったり、PTSDになることもあり得る。開拓惑星移民特有の新たな精神疾患が生じる可能性だってある。となると、火星にもそれらを治療できる病院が存在しなくてはならない——

というアイデアがまず斬新だ。これまで、こうした惑星開拓ものの小説で人類がぶち当たる困難は、未知の敵対的生物とかウイルスなどの身体的な脅威を与えるものがほとんどだった。でも人間は身体だけで生きているのではない。心、精神を持っている。惑星開拓と移民を、ただの空想話ではなく現実の延長としてリアルに想定するならば、移民の心の健康管理はきわめて重要な問題だ。

というわけで、この小説の舞台は火星開拓地の病院。主人公はそこで働く精神科医である。物資の供給源である地球は遠く、適切な薬は常に不足気味で、設備は旧式。人手も足りず、医療スタッフは慢性的にオーバーワークだ。そのなかで、「エクソダス症候群」という奇妙な精神疾患を核に、主人公自身の身の上にもからむ謎多きストーリーが展開してゆく。

現状、精神医学は専門家のあいだでも統一的な見解をとりにくいほど多様性があり、この領域が将来どの方向に進んでゆくのか予想できないという。敢えてそこに挑戦し、読者に精神医療史をレクチャーしつつ、知的で幻想的な物語を紡いでゆく宮内悠介は、やっぱり超新星だ。ちょっとだけ残念なのは、多彩な登場人物たち個々について、もっと深く知りたかったこと。著者初の長編は嬉しいけれど、この設定なら、主人公のエピソードを縦糸にした連作中短編集で、火星の精神病院版『ER』に仕上げてもよかったかも――というのは贅沢な注文です。

創元SF文庫

9月20日付

『へんな生きもの　へんな生きざま』

早川いくを 編著

驚きと発見がてんこもり

「ヒャッハー！」と空を飛ぶ、写真の生きものはトビヤモリ君です。彼らの前後のページでは、トカゲもカエルもヘビもイカも、びゅんびゅん空(くう)を切って飛んでます。

驚きと発見がてんこもりの二百三十ページ余。超美麗なカラー写真で次々と紹介される可愛(かわい)くて珍しくてちょっとグロくて不思議な生きものたちの姿に、初見の際はいちいち歓声や悲鳴をあげ、読書委員会を騒がせてしまいました。真空でも死なない不死身のクマムシの口(?)は、配管のつなぎ目みたいな形をしている。ウデムシって、これ何よ「エイリアン」じゃないの？

真っ白でふわふわのシロヘラコウモリの家族写真は、軍手で作る手袋人形に似ているぞ。ピクチャーウィング・フライのこの小さな小さな翅(はね)に絵を描いた人、お願いですから名乗り出てください。これが天然ものだなんて、とうてい信じられません。一人でも二人でも大勢でも、こんな感じで優に三ヵ月はきゃあきゃあ楽しめる。この中身で、ほとんど「持ってけドロボー！」な価格設定もステキです。お見逃しなく。

エクスナレッジ

『へんな生きもの　へんな生きざま』より

9月27日付

『墨東地霊散歩』

加門七海

怪異語りの視線で歩く

隅田川の東側、墨田区と江東区の北部一帯をさす「墨東」という言葉を耳にしなくなって久しい。現にそこに住まっている私も、本書のタイトルに懐かしさを覚えた。

著者の加門七海さんも、生粋の墨東の人である。幻想怪異譚作家であり、歴史的怪異から日常的な実話怪談まで幅広く取材し、心霊スポットの探訪も行うという、怪異語りのスペシャリストだ。本書がよくある歴史案内と一線を画しているのも、「地霊」をキーワードにし得る怪異語りの視線があればこそである。

地霊とは、公的記録として明文化しきれないその土地の歴史や人の営みに私たちが想いを馳せ、畏敬や親愛、鎮撫の念を抱くとき、幻のように立ち現れるものだろう。東京大空襲の災禍を語った本書の一章「火の記憶」は、戦後七十年という節目の今年、戦争がもたらす悲劇を訴えて綴られた数多(あまた)の文章のなかでも、ひときわ光る名エッセイだ。
とはいえ、本書には仰々しさや堅苦しさは欠片(かけら)もなし。あなたも本書をお供にお稲荷さんを巡り、河童を探してみませんか。疲れたら、もんじゃ焼きを食べて一休み。

青土社

『殺人鬼ゾディアック　犯罪史上最悪の猟奇事件、その隠された真実』　10月11日付

ゲーリー・L・スチュワート、スーザン・ムスタファ

なぜ物語性を帯びるか

一九六〇年代後半から七〇年代初めにかけて、次々と残酷な複数殺人を行い、謎めいた暗号を含んだ犯行声明文を新聞社に送りつけ、全米を震撼(しんかん)させた連続殺人者「ゾディアック」。事件は未解決で、犯人の正体も判明していない。その名はアメリカ社会の負のイコンとなり、数多くの真相解明マニアを生み出し、ミステリー作品の題材になってきた。

本書もまたゾディアック解明本だ。但し、類書と一線を画す要素が二つある。これまで解きほぐされることがないまま事件の謎の核となってきた暗号の解読に成功したと主張していることと、著者が作家やジャーナリストではなく、実業家として成功した一般市民で、「私の父親がゾディアックだ」と訴えていることだ。

著者は乳児のころ遺棄された孤児だった。優しい養父母に育てられ、幸せな人生をおくってきたが、実母との再会をきっかけに実父探しを始め、その実父こそがあのゾディアックではないかという恐ろしい疑惑に直面する。父親の過去を調べてゆく著者の姿勢は真摯(しんし)だし、探求の果てに、あらためて養父母への愛と感謝の念を深めたという終章の一節にも心を打たれる。

しかし――ですね。これでゾディアック事件が解決したとは、私は思わない。理由はあれこれあるが、いちばん気になるのは、著者に過去の出来事を語ってくれる主要な関係者たちの記憶が鮮明すぎるところだ。ざっと四十年から五十年も昔の話なのに、昨日のことのように細部まで覚えていて、話のつじつまも合っている。ちょっと出来すぎじゃない？　という印象を否めない。実際、本書をめぐってはアメリカでも議論百出だそうだ。

本書はむしろ、連続殺人者の存在がここまで強い物語性を帯びてしまうことの意味を考えさせてくれる。私たちは、彼らの心性に何を見出(みいだ)そうとして目を凝らすのだろう。他国の話だと、たかをくくってはいられない。高月園子訳。

原題：THE MOST DANGEROUS ANIMAL OF ALL　亜紀書房

『薬で読み解く江戸の事件史』

山崎光夫

江戸の知識人たちの「健康生活のススメ」

徳川家康は薬に詳しく、自分で薬草を栽培し、よく生薬を調合した。合戦には、自軍のために「御陣薬」を準備して臨んだ。天下を平らげるという大仕事をやり遂げ、七十五歳で没する直前まで矍鑠（かくしゃく）としていたのも、その健康管理の知識と技術が優れていたからだという。

一方で歴史上には、島津斉彬や孝明天皇など、どうしてこのタイミングで死んじゃったの？　と惜しまれたり怪しまれたりする人物がいる。身ひとつで全国を漂泊し、厳しい暮らしのなかで数多の名句を残した小林一茶のような人物もいる。彼らはなぜそのように生きることがかなない、あのように死んだのか。

「健康で長生きしたい」。それは時代を超えて私たち誰もが心に抱く切実な願いだ。健康啓蒙(けいもう)書の古典『養生訓』の著者貝原益軒の常備薬は？　西洋医学の父・杉田玄白が説いた長寿の七法則とは？

現代人にも充分参考になる江戸の知識人たちの「健康生活のススメ」を学び、事件史の謎解きを楽しむ。一石二鳥の本書は、秋の夜長の読書にぴったりだ。でも、夜更かしはほどほどにしましょうね。

東洋経済新報社

『世界の権力者が寵愛した銀行』 11月1日付

エルヴェ・ファルチャーニ、アンジェロ・ミンクッツィ

告発者装った？「情報泥棒」

本書の原題は『脱税の金庫番』だそうだ。私が担当編集者なら、著者に再考を促す。タイトルにはもうちょっと寓意がないとイケてません。

私は国際経済にはまるっきり無知だし興味もない。が、世界中の大富豪やVIPの資産を預かる国際的な大銀行が、顧客の脱税やマネーロンダリングなどを業務として積極的に行っているというぐらいのことなら、その手のサスペンス映画を二、三作観ればだいたい見当がつく。だから本書を読んで、こういう巨大金融グループ（とその顧客）が、「タックスヘイブンでオールフリーでパラダイス！」なんて輪になって踊っていられないよう、国際社会がそれなりに努力して規制をかけたり制裁措置をとったりしていることの方に驚いた。ジェームズ・ボンドやエクスペンダブルズが乗り込んでいって暴れない限り手も足も出ないのだろうと思い込んでいたのだけれど、意外とそうでもないのだ。

本書は著者の弁明から始まる。自著の冒頭で縷々言い訳を並べる書き手は珍しいが、監修者の橘玲さんの的確で丁寧な解説のおかげで、なぜこんなことになっているのか、すぐ事情がわかる。要するに、本書の著者は情報泥棒なのである。彼が盗んで暴露したのは世界最大のグローバル金融機関の一つHSBCの顧客情報で、これが前述したもろもろの真っ黒な悪事の動かぬ証拠だったので、勇敢な内部告発者になったわけだ。正義を貫くため、敢えて手を汚した英雄。だが、素直にそう褒め称えていいか躊躇われる曖昧な部分が多々ある。「李下に冠を正さず」ということわざを知らないのがまずいけない。あのレバノン行きはおかしい。疑われても仕方がない。最初は告発する意思などなく、盗んだ情報を高く売りつけようとしていただけなのではないか。それが思うようにいかなかったので、途中から告発者になりすましたのではないのか。人の思惑は状況によって変わるし、ホワイトカラー犯罪の動機は金銭欲だけではなく、報復感情や承認欲求がブレンドされ重層化している方が自然だろうし。

私が担当編集者なら、著者にこう勧める。御作のタイトルは『悪い奴ら』でいかがですか。あなた自身も含めて意味ぴったりですよ。あ、でも、これもストレート過ぎて寓意が足りないかな。芝田高太郎訳。原題：LA CASSAFORTE DEGLI EVASORI　講談社／品切れ

11月15日付

『深夜百太郎 入口・出口』

舞城王太郎

多彩な百物語「参った」

参りました。脱帽。

本年五月二十四日から八月三十一日までの百日間、毎夜一話ずつツイッター上に発表した百話の怪異譚を、上巻『入口』下巻『出口』の五十話ずつに分けて刊行したものが本書だ。舞城王太郎は超人である。

最大級の賛辞を贈りたいのは、まず百話の多彩さだ。怪異譚の基本形をほとんど網羅し、そこに舞城流のツイストを利かせてある。六太郎「ゆらゆら」三十四太郎「耳に入る虫」六十九太郎「押すな押すな」などの実話怪談系、三太郎「地獄の子」四十九太郎「買ってない品物」六十三太郎「車内放置ワゴン」などの事件系、十六太郎「山の小屋」五十六太郎「篝火(かがりび)」九十八太郎「寝ずの番」などの土俗系、十四太郎「夜のダム」二十八太郎「入れない家」五十二太郎「ダムでカヤック」七十六太郎「枕元にハサミ」などの異類怪物系、二太郎「倒れた木」四十太郎「体育館でかくれんぼ」などの異界系、三十八太郎「忠犬バッチ」九十太郎「友達案山子」などの「泣ける」系。怪談書きの一人としての実感で、この「泣ける」系は話が温くなりがちなので濫発は禁物なのだが、本書ではこの系の出現率が非常に低く、しかも秀作揃いだからお見事。祟り系の七十三太郎「出戻りの家」の展開は凄まじく、ゆかしい幽霊系の六十五太郎「うろうろ息子」七十五太郎「我が家の花子」は滑稽で悲しくてブラックだ。

語り口も素晴らしい。東京の調布市が舞台の奇数話は標準語、福井県西暁町が舞台の偶数話は方言で書き分けてあり、私のベスト3の一つ七十太郎「保留中の黒電話」も方言の会話で泣ける。ベスト3のあと二つは、二十九太郎「夏の落ち葉」と八十二太郎「電車停車中」。特に後者は一読脳裏に焼きつく傑作だ。九十九太郎「呪い」もたった三ページでめちゃくちゃ怖い。

古来、百物語を一夜で完遂すると怪異を招くという。徹夜で一気読みはやめましょうね。

ナナロク社

『間違いだらけの少年サッカー　残念な指導者と親が未来を潰す』　11月29日付

師たる者の内なる規範とは

林壮一

本書を実用書として必要とする方には、きっと参考になる一書なので、余計な説明はない方がいい。

それ以外の読者である私は、読み進んでいくうちにつらつら考えた。真面目で勤勉な日本人は、学ぶことに熱心である。常に「師」を見つけようとしている。技能の世界でしばしば「教わるのではなくよく見て盗め」と言われるのも、学ぶ側こそが主体で、師は弟子に見出されるものだという考え方があるからだろう。

この謙譲な姿勢は美しい。だが、それは弟子に見出されて初めて師となる者が、人間的にも真に「師」たり得る場合に限って有効なのであって、逆の場合は厄介な不具合を差し招く。それは少年サッカーの現場だけの問題ではない。

指導者として教育者として次世代を育てる者は、一人の弟子も持たず単独で立っていても「師」たり得る人物であってほしい。その理想に近づくために、師たる者の内なる規範を、ほかでもない「師」同士が相互に評価し合えるシステムを構築するべきではないか――なんてことまで思うのは深読みかもしれませんが、勉強になりました。

光文社新書

『検証　バブル失政　エリートたちはなぜ誤ったのか』　12月13日付

軽部謙介

あの時代の「謎」を解く

一九八五年九月、日米英独仏五カ国の蔵相会議（G5）で、日本の円や西独（まだベルリンの壁が存在していた）のマルクの価値を高め、国際収支の不均衡を是正しようと決定した。これがいわゆる「プラザ合意」である。

現代ミステリーを書いていて、二十世紀末を間近にしたこの国を覆った黄金色の幻――「バブル経済」について説明する必要があると、私はいつも、判で押したようにこのプラザ合意が出発点だと書いてきた。でも本書を読むと、プラザ合意はカードが配られた段階に過ぎず、本当のマネーゲームの始まりは八七年二月の「ルーブル合意」の方だったのだとわかる。つまり、プラザ合意の段階でもう少し慎重に先行きを読み、経済政策の方向を変えていれば、その後の地価高騰や金余り現象が起こることはなかったのだ。これがまず最初の転轍機(てんてつき)で、その置き場所が間違っていた。だから著者は、きっぱり「失政」と断じている。

何かというと「バブルの傷跡」と書いてきたくせに、私はバブル経済の原因も経緯もきちんと把握していなかった。自分の体験したことや、当時のニュースをもとに、わかったような気分でいただけである。ただ、言い訳がましいけれど、あの時代を生きた方々の大半は、私と同じような感じではあるまいか。今後はさらに、忘却の霧に覆われて全てが曖昧になってゆく。

本書は、その霧のなかに道標を残すべく著された貴重な資料的価値を持つ歴史書だ。バブルという「事変」の謎を解くミステリーでもある。当時の大蔵官僚と日銀マンの対立と葛藤を描く人間ドラマでもある。タイトルだけ見て、政治関係の専門書だと素通りしてはもったいない。

「ジャパン・アズ・ナンバーワン」と持ち上げられたあの時代の日本が強く正しくて、今は弱体化しているのではない。あれはこの国の失敗だったのだ。本書に引導を渡してもらって、ようやく区切りがついたような気がする。

岩波書店

◎2015年を振り返って

初書評で『営繕かるかや怪異譚』、素晴らしい記念になりました

2016年におすすめした本

『謎の毒親』

姫野カオルコ

丸ごと赦す美しさ

うちの親って何か変で、私は子供のころからたびたび不可解な仕打ちを受けてきました。これは単に私の理解力が足りないせいなのでしょうか。私には親のこれこれこういうふるまいの意味や理由がどうしてもわからず、ただただ謎でしかないのです——

本書は、主人公の「ヒカルさん」が大人になって初めてこういう問いを発し、その問いを受け止めて回答を考え助言してくれる第三者に巡り会い、救済されてゆく過程を描いた小説だ。回答者とは手紙でやりとりしてゆくので、書簡体形式になっている。主なエピソードは七つ。驚くべきことに、全てある親子の間で本当にあったエピソードなのだ。恐怖の虫館も、オムニバス映画叱責事件も、「おまえの頭からはしびとの臭いがする」も、核の部分は実話なのである。そこが本書が「相談小説」である所以(ゆえん)なのだが、何と理不尽で怖い——と書いてしまうと、読むのをためらう方がいるかもしれない。大丈夫、ご安心ください。姫野カオルコさんの本だから、読み進むうちに心がほどけて、幸せな気分になっていきます。

「毒親」つまり子供を苦しめ傷つける親と、その親から受けた毒を中和・解毒して立ち直ってゆく子供と、サポート役の回答者（町の本屋さんのご夫婦だというところがまたニクい）、三つの立場の登場人物それぞれに、私は感情移入してしまった。私もこういう親になったかもしれず、私もこういう子であるかもしれず、私も誰かのためにこういうサポートができる人でありたいと思った。

姫野作品に触れると、いつも、ほのかに光る綺麗なものが目の奥に残る。人が誰でも持ち合わせているはずの小さな「善きもの」の輝き。それはどんな毒にも負けない。でも、その光のみを以て生をまっとうすることができないのが人間の悲しみだ。そういう人間を丸ごと赦そうとする慈愛を湛えて、姫野作品は美しい。

新潮文庫／品切れ

2月14日付

『決戦！本能寺』

伊東 潤、矢野 隆、天野純希、宮本昌孝、木下昌輝、葉室 麟、冲方 丁

舞台裏もまさに合戦

書き下ろし競作アンソロジー『決戦！』シリーズの第三弾である。第一弾『関ヶ原』、第二弾『大坂城』に続き、今回のお題は本能寺の変。「葉室麟・斎藤利三」「伊東潤・織田信房」等と一作家が一人物を担当し、多様な視点から戦国時代前半のハイライトであるこの大事件を描き出してゆく。メインの人物だけでなく、影の主役・信長の描き方にも、個々の作者の戦国史観が垣間見えるところがいっそう面白い。

このシリーズは、第四弾『決戦！三國志』まで刊行中。円熟のベテランから書き盛りの中堅どころ、ピッカピカの新鋭まで、歴史時代小説の世界で注目される作家たちを集めた豪華なラインナップだ。シリーズ累計七万部を突破しているというからお見事です。

競作アンソロジーをつくるのは難しい。まず面子（メンツ）を揃える段階で、希望する作家にス

ケジュールをとってもらうのが大変だ。特定のテーマや構成に縛りがあると、さらに調整が厳しくなる。作家側にとっても、短編は切れ味勝負で出来不出来がはっきり見えてしまうから、書き下ろし競作はスリリングなチャレンジだ。「いっちょうやったるで！」と逸る反面、「自分の作品だけ今イチだったら嫌だな」と思うのも人の情。いつでもほいほい引き受けられるわけではないんです。また、この『決戦！』シリーズは編集部主導で編まれていて、看板になる編者がいない。これまたけっこうな冒険である。普通は強力な編者が一人いて、舵取りをするものだ。それがなくても続いているのは、多士済々な参加作家たちが良い意味で張り合っていて、士気が高いからだろう。舞台裏もまさに合戦なのだ。

いろいろな点で奇跡的にハッピーなこのシリーズ、第五弾は五月刊行予定の『決戦！川中島』。一月末締切で、一般からも作品の投稿を募った。ここから、あっと驚く新星が登場するかもしれない。既刊の参加者は男性作家ばかりだ。姫武者の参戦はあるかな？

講談社文庫

『火打箱』

サリー・ガードナー著　デイヴィッド・ロバーツ絵

禍々しさと美しさ

本書はアンデルセンの同名作品を土台にしたダークファンタジーだ。主人公はうち続く戦いに疲れ果てた若い兵士オットー・フントビス。彼が出会うのは死者の靴を集めている半人半獣の死神、首を吊られた人間の皮膚でこしらえたベルトを使って変身する狼男、ナイフのような爪を持った謎の貴婦人、そして男装の美少女サファイヤー。タイトルの火打箱は、火打石や鋼を入れた黒い漆塗りの小箱で、この怪異に満ちた物語のキーアイテムである。

死神の予言どおりにサファイヤーと恋に落ち、「自分の王国を手に入れる」オットーの運命や如何に。全篇を彩る豊富な挿絵は、『モンタギューおじさんの怖い話』等で大人のホラーファンも欣喜・震撼させたデイヴィッド・ロバーツの手になるもの。モノト

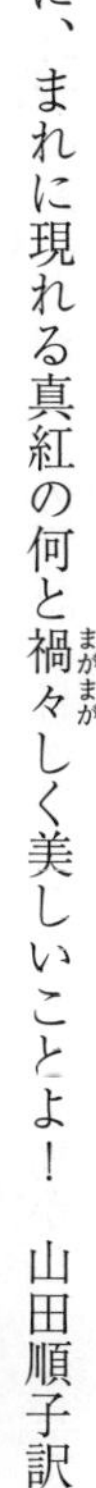
ーンのなかに、まれに現れる真紅の何と禍々(まがまが)しく美しいことよ！　山田順子訳。
原題：TINDER　東京創元社／品切れ

『火打箱』より

3月6日付

『よこまち余話』
木内 昇

ひたすら浸りたい物語

単行本で二百八十二ページ。そのなかに十七本の短編が収めてあり、一話ごとに完結しながら、ひとつの物語を綴ってゆく。でも、ただの連作短編集とは呼びたくない。読み進んでゆくと、色とりどりの千代紙で丁寧に包まれた指先ほどのサイズの小箱を、一つまた一つと開けているように感じるのだから。

「路地は幅一間ほどで、東西に細く伸びている。東の端には一対の銀杏(いちょう)に両脇を護(まも)られた石段があり、その先は天神様のお社へと続いていた」

冒頭で簡潔に綴られた、この場所が舞台である。時代は近代、たぶん大正時代の後半。登場人物はこの路地の住人たちと、ここに用があって行き来する人びとで、ヒロインと呼ぶべきはお針子の齣江(こまえ)だが、この物語は日々ひっそりと針を動かして暮らす彼女だけのものではない。お向かいに住んでいて、しょっちゅう齣江のところでおしゃべりしている老婆のトメさん。出入りの糸屋の青年。近所の魚屋のおかみさんとその二人の息子、浩一と浩三。浩一が「生き甲斐だ」と思うほど美味しい和菓子屋の店主。浩三が折々に語り合う自身の「影」。

第一話のタイトルがいきなり「ミカリバアサマの夜」だし、「遠野さん」という重要人物が出てくるし、店賃を取り立てに来る「雨降らし」が何となく異界の空気をまとっているし、ああその方面の小説なんだなと、ピンとくる方も多いだろう。要所に能舞台のシーンが置かれ、齣江のつましい暮らしのなかにぽつりと置かれた『花伝書』も暗示的で、これが謎解きの鍵になると解る方もいるだろう。

それでも、本書は読み解くための物語ではない。ひたすら浸り、どことも特定し難いこの路地が懐かしく、自分もいつかはこんなところに住むのだなあと思えばそれでいい。つまりは魔法だ。この絶品の魔法にかかれば、最終ページでゆっくりと振り返る女性に、きっとあなたも優しく微笑みかけずにはいられない。

中公文庫

『ネットロア　ウェブ時代の「ハナシ」の伝承』

3月27日付

伊藤龍平

電脳社会介した説話

タイトルの「ネットロア」には、「電承説話」という漢字をあてる。まず説話とは、私たちが日常で語ったり聞いたりするハナシのことだ。ちなみに従来の説話研究では、民間説話を、時代に無関係な「昔話」、歴史時代が舞台の「伝説」、同時代が舞台の「世間話」の三種類に分類しているのだそうだ。

では「電承」とは？　ネットの世界で語られ、流布して周知されてゆくという意味だ。電脳社会を介するから「電承」なのである。

著者の伊藤氏は伝承文学の研究者、説話の専門家だ。その専門家にとっても、ネット上の説話は、従来の研究体系のなかでは論じにくいものなのだという。「それなりのリアリティーをもって受け止められている同時代の話」ではあるけれど、テキストと写真や動画によって「語られ」、地縁・血縁に基づく共同体からはまったく解き放たれて、伝統的な口承説話よりもはるかに速く、自在にやりとりされているからだ。

本書ではそのネットロアのなかから、「くねくね」「八尺様」「南極のニンゲン」など、怪異譚や未確認生物の目撃譚としてよく知られた題材を取り上げて考察している。二〇〇八年から二〇一五年までに発表した文章をまとめ、書き下ろしの一章を加えた構成なので、変化の早いネット社会の話題としては下火になっている題材も含まれているかもしれないが、それをおいても本書は電承説話の世界への格好の入門書だ。普段はネットで説話を知る習慣がなく、「くねくねって何?」という方にもお勧めしたい。私自身も「くねくね」のことはネットではなく、いわゆるJホラー映画の評論集を読んでいて知った。ネットロアは既にネット社会だけのものではなく、フィクションの世界にも影響を与えている。

本書をワクワク楽しんだ方は、著者の『ツチノコの民俗学』もどうぞ。新旧の説話伝承のありようを読み比べることになり、いっそう興味がわいてくるはずだ。

青弓社/品切れ

『ミッドナイト・ジャーナル』

本城雅人

事実に迫ろうとする記者たちの熱意

昨今では珍しく、本書は事件記者もののミステリーだ。舞台はばっちり現代で、スマートフォンもパソコンも登場する。でも主人公たちは足で現場を歩き回って取材し、夜討ち朝駆けで捜査関係者の懐に飛び込んで情報を探り、ネタの裏を取る。

発端は七年前に発生した連続児童誘拐殺人事件。犯人の男は逮捕され死刑に処された。しかし今また似たような手口の未遂事件が二件。三件目ではついに犠牲者が出てしまう。新聞記者・関口豪太郎が同僚記者たちと共に取材を進めてゆくと、七年前の事件は単独犯によるものではなく、主導的立場の共犯者がいたのではないかという疑惑がわいてくる――。

派手なアクションも犯罪プロファイリングもサイコキラーの心の闇もない。地道な取材活動と捜査関係者との駆け引きと、事実に迫ろうとする記者たちの熱意、それだけに徹した三百六十七ページ。海外ドラマ『クリミナル・マインド』なら、一話・四十五分でこの真犯人を捕まえるだろう。でも、そういう外連(けれん)だけがミステリーの妙味ではないと思い出させてくれる佳品だ。

講談社文庫

『宇宙画の150年史　宇宙・ロケット・エイリアン』　4月24日付

ロン・ミラー

人の想像力の豊かさ

左の絵は、ジュール・ヴェルヌの『月世界旅行』（一八六五年）に登場する砲弾型ロケットだ。この約百年後、実際に月へ到達したアポロ計画のロケットや着陸船と比べてみると、何とも素朴で可愛い。

ハッブル宇宙望遠鏡や数々の惑星探査機のおかげで、今の私たちは容易に大宇宙の実像を目にし、その壮麗な美に感動することができる。でも人類が宇宙探査技術を手にする以前の時代には、SF雑誌や単行本の表紙や挿絵、映画のポスターなどの形で発表される宇宙画家たちの優れた作品こそが、銀河への憧れと畏れの源泉だった。本書は全5章、多くの作品を「惑星と衛星」「宇宙船と宇宙ステーション」と分野別に紹介しつつ、宇宙画の歴史を繙（ひもと）いてくれる。緻密なモノクロから美麗なカラーへの変遷。画家のイマジネーションの深化と進化。ページをめくるたびに人の想像力の豊かさに驚き、敬意を覚えずにはいられない。第5章「エイリアン」は、かなり怖いですよ。日暮雅通、山田和子訳。

原題：THE ART OF SPACE　河出書房新社

『宇宙画の150年史』より
From the Collection of Ron Miller

5月8日付

『スポットライト　世紀のスクープ　カトリック教会の大罪』

ボストン・グローブ紙《スポットライト》チーム編

世界を揺るがしたルポ

この硬派なノンフィクションは、本年のアカデミー賞の作品賞・脚本賞に輝いた映画『スポットライト　世紀のスクープ』の原作本である。原著は二〇〇二年の刊行だが、本書は映画の公開に合わせて作られた二〇一五年版の邦訳で、トム・マッカーシー監督と脚本のジョシュ・シンガーによる声明文が付されている。

「スポットライト」とは、ボストンの老舗新聞社ボストン・グローブ紙の特集記事コーナーのタイトルだ。二〇〇二年一月、このコーナーに掲載された一本の記事が、やがて世界規模でカトリック社会全体を揺るがす大スキャンダルの端緒となった。その記事はこんなふうに始まる。

「一九九〇年代の中葉以降、三〇年間にわたり、大ボストン都市圏六ヶ所の教区から一三〇名以上の人々が、ゲーガン元司祭に体を触られたり、レイプされたとする恐ろしい子ども時代の体験を訴え出た」

本書も第一章で、まずこのゲーガン司祭事件の詳細を語る。教区の人々の敬愛を集める司祭による児童の性的虐待事件は、読んでいるだけでも辛(つら)く、腹立たしい。被害に遭った子供たちの大半が貧困家庭などの社会的弱者であり、本来、教会によってもっとも手厚く庇護(ひご)されるべき存在であるからなおさらだ。ただ、犯罪そのものよりもさらに恐ろしいのは、これがゲーガン司祭一人の問題ではなく、他にも多くの虐待司祭が存在したこと、それと承知しつつもボストンのカトリック教会組織が彼らをかばい、司法当局を丸め込み、被害者の訴えを封殺し、徹底的に事実を隠蔽してきたことである。「スポットライト」の記者チームは丹念で執拗(しつよう)な取材を重ね、ようやく告発の声が届くことを知って勇気を奮い起こした被害者たちの協力をとりつけて、長いあいだ看過されてきた事実を白日の下にさらしてゆく。本書には映画と違い、「カトリック教会の大罪」という副題もついている。これは、本書では犯罪と隠蔽の事実経過が、映画では記者チームの奮闘ぶりがメインになっているからだ。合わせて読み・観ることをお勧めしたい。有澤真庭訳。

原題：BETRAYAL　竹書房

5月15日付

『イナカ川柳』

TVBros．編集部編

まっとうなサブカルチャー

本書の「イナカ」は里山と田畑の「田舎」ではない。農業も地場産業も町おこしも観光振興も過疎化も全てひっくるめた地方都市の有り様を指している。そこは豊かさと衰退、最新のものと古くさいもの、便利なものと不自由なものが同居するカオスだ。で、川柳だから、たとえばこんなふうになる。

・ジャスコ裏　畑・老人　地平線
・気がつけば　隣の嫁は　外国人
・無農薬　作るオヤジは　酒びたり
・議員さん　親戚5人が　立候補

個々の句にはユニークなコメントが添えられている。左端の句のコメントは（そしてなんにも変わりません）。

一方で、こんな変化もある。

・ラブホテル　潰れた後に　ケアハウス

川柳は軽みとユーモアだけではできない。鋭い批評性が必須だ。それはつまり、まっとうなサブカルチャーだということだ。面白くてやがて悲しいこのイナカ川柳の投稿を募っているのは、サブカル最後の牙城とも言われる雑誌ＴＶ Ｂｒｏｓ．納得！

文藝春秋／品切れ

『絵はがきで楽しむ歴史散歩　日本の100年をたどる』　6月19日付

富田昭次

歴史記録の一大鉱脈

絵はがきには熱心な収集家がいて、昨今はちょっとしたブームなのだそうだ。自身もコレクターである著者は、冒頭、二〇一五年に東京・北区飛鳥山博物館で開催された「梨本宮妃絵はがきコレクション」展から紹介してくれる。貴婦人をも魅了する絵はがきは、ほとんどの場合無名の画家や写真家の手になるものだが、美術的価値もある歴史記録の一大鉱脈なのだ。

この写真は、昭和三年十月一日、長野地方裁判所が発行した「陪審法施行記念絵葉書」一四枚セットの一枚。我が国の司法システムに陪審員が存在していたごく短い時代をとどめた貴重なものだ。本書には、近代から高度成長期までの世相と風俗を映したこういうお宝絵はがきがいっぱい。カラーページにも瞠目（どうもく）。読後には、巻末の参考文献を手

がかりに、さらにこの世界に遊ぶのもよし、収集に乗り出すのもまたよしです。　青弓社

『絵はがきで楽しむ歴史散歩』より
富田昭次氏所有

6月26日付

『罪の終わり』
東山彰良

魂の救済者の物語

著者が二〇一三年九月に発表し、大ブレイクのきっかけとなった長編『ブラックライダー』の前日譚。本書の内容を最小限に縮めて紹介するとこうなる。『ブラックライダー』を既読の方にこれ以上の説明は不要だ。しかし、単行本で六百ページ余、キャラの立った人物たちがダイナミックに織りなすこのポスト・カタストロフ小説の金字塔を未読の方には、どうやって本書の魅力と重要性をお伝えしようか。

西暦二一七三年六月十六日、小惑星「ナイチンゲール」の破片が地球に衝突した。世界的規模の大災害が発生、文明社会の大半が壊滅し、地球は急激に寒冷化してゆく。生き残ったわずかな人々が、飢餓状況のなかで切羽詰まって踏み切った「あること」が、倫理的にはけっして認められないまま、生存のための社会的システムになってしまったその後の北米大陸南部から中西部を主な舞台に、この「あること」がはらむ原罪的な悪のなかで誕生し、世界を再生しようとする「牛腹」の青年ジョアン・ブスカドールの物語。これが『ブラックライダー』の（ものすごくかいつまんだ）あらすじだ。ところがこの小説には、黙示録の四騎士の一人で、人類に飢えと荒廃をもたらす「黒騎士」になぞらえられるタイトル由来の人物は登場しない。「あること」の罪に苦しむ衆生を救済した信仰の対象で伝説の人であるとも、「ただの人殺し」だとも評され、逸話は語られるが、作中ではあくまでも過去の人――その人物、ナサニエル・ヘイレンの物語が本書『罪の終わり』なのです。

蛮勇を奮って、この二作の二人の主人公は同一人物なのだと言いたい。イエスが復活することで真の魂の救済者となったように、ジョアンはナサニエルの復活した姿なのである。ぜひ刊行順に通して読んでください。実は二作のタイトルが（内容に照らせば）逆になっていることの意味も含めて、それで全てが解明され、深い感動に震えることになるはずです。

新潮文庫

7月10日付

『未確認動物UMAを科学する
モンスターはなぜ目撃され続けるのか』
ダニエル・ロクストン、ドナルド・R・プロセロ

否定せずに楽しもう

恒例、夏休みの自由研究のネタになるお勧め本の第一弾。「モンスターはなぜ目撃され続けるのか」という副題にまずご注目を。

著者の二人は、未確認動物通の科学ライターと古生物学者のコンビだ。未確認動物とはビッグフット、イエティ、ネッシー、シーサーペントなど、昔から多くの目撃証言があり、絵や写真や動画が残され、様々なアプローチで探索も行われているのに、未だその実在が確証されていないモンスターたちのこと。我が国ではツチノコがその代表選手になるだろう。本書はそれらが伝説のなかで血肉を得てきた歴史と経緯を個々に手際よく紹介し、著名な目撃例や写真等に検証を加えて分析してゆく。モンスターの側に力点

を置いた「いるのか、いないのか」論ではなく、モンスターを目撃する私たち人間の側から、おぼろな存在であり続けるモンスターの謎を探ってゆくのだ。

「本書は現代の未確認動物学に関する決定版となる本である」

序文でそう書いているマイケル・シャーマーは懐疑主義の科学史学者だし、版元は硬派な化学同人だし、「要するに否定本なんでしょ?」と冷たくあしらわないでほしい。著者たちは未確認動物を否定するのではなく、正しく理解し、楽しみ、考えようと説いているのだ。科学的な検証をきちんと尊重する大人のＵＭＡ通になろうよ、と。松浦俊輔訳。

この分野には類書も多いが、次は本書第6章に登場するコンゴのモンスター「モケーレ・ムベンベ」を実際に現地へ乗り込んで探索した顛末(てんまつ)を綴った『幻獣ムベンベを追え』(高野秀行著、集英社文庫)はいかがだろう。また第7章にあるとおり、多くの未確認動物にはなぜか超自然の要素がつきまとう。モンスターだけでなく、ＵＦＯ、心霊現象や超古代文明など、不可思議な事象について幅広く基礎的な知識を得るなら、ＡＳＩＯＳ(超常現象の懐疑的調査のための会)の『謎解き』シリーズ(彩図社)がばっちり参考になりますよ。

原題:ABOMINABLE SCIENCE! 化学同人

『自分の顔が好きですか？「顔」の心理学』

7月17日付

山口真美

正確には見えないもの

中高生の皆さんに、夏休みのお勧め本の第二弾。なかなか刺激的な本書のタイトルの問いかけに答えるなら、私の場合はずばり「嫌い」だ。理由は単純、私の顔は私の好みじゃない。好きなタイプじゃないのだ。容姿は自分でチョイスできないし、そこに（自分にとって）望ましい要素を足したり引いたりするには、ほとんどの場合、苦しい努力や多額の出費を必要とし、それでも易々（やすやす）と思うようにはならない。ちょっとでも悩んだことのない人はいないはず。

ところが、そんな私たち人間は、実は誰も正確に自分の顔を見ていないのだという。毎日何度も鏡でチェックしてる？　いえいえ、それはかえって逆効果。本書にはこうある。「同じ顔を見続けると、その顔の見方はゆがむことが実験からわかっています」

ビックリでしょ？　さらに、顔を見るときによく働く部位は脳の右側にあり、ややこしいことに「左右それぞれの脳には、目の前の視野の反対側の映像が入っていきます」ので、「左側に見える顔が、顔を担当する脳に影響を与え、印象を強くつくり出している」。だから鏡に映る左右が逆転した顔は、その個人本来の顔――あるいは他者が見ているその人の顔とはかなり印象が違うはずで、「みなに見られている顔とは違うものだといえるでしょう」。

でも写真なら決定的に正確でしょって？　残念ながらこれもNG。写真の顔の印象は表情に大きく左右され、表情が変われば別人のように見える。これもビックリの実例をご覧あれ。

表情は、その人の内面が日に見える形であらわれたものだ。活き活き（い）きした表情は他者とのコミュニケーションのなかで生まれる。だから本書の締めくくりには、素敵な一文が登場する。

「顔は人との間にできあがる」

齢（よわい）五十五の私が今でも嫌っているのは自分の顔じゃなく、「顔立ち」の方なのか。顔とは和解できてる？　しみじみ鏡を見ちゃいました。

岩波ジュニア新書

『世界の不思議な音　奇妙な音の謎を科学で解き明かす』

トレヴァー・コックス

7月31日付

驚きの場所をルポ

プロローグでびっくりするのは、略歴紹介に「イギリス・マンチェスターにあるソルフォード大学の音響工学教授」とある著者トレヴァー・コックスが、いきなり下水道に潜っているから――ではない。著者が自分の仕事について説明しているくだりで、「私が専門としているのは室内音響学」「研究の大半は、望ましくない音や音響作用を隠したり抑えたりする方法の発見に焦点を当ててきた」。音響工学ってそういう学問なのか。データをとるだけではなく、音楽ホールの設計などの物作りにも携わるし、ソフトウェア開発もする。非常に専門性が強いけれど、私たちの日常生活とダイレクトに繋(つな)がった研究分野なのだ。

そんな研究者である著者が、音響のインディ・ジョーンズになって、世界中の「音の(ソニック)

驚異(ワンダー)」を探しにゆく。そのルポが本書だ。冒頭の下水道のシーンも、夏の夜にロンドン市内のマンホールから地下に降り、強烈な悪臭の漂う暗いトンネルのなかで、奇跡のような珠玉の音響に出会うエピソードなのですよ。

一方、本書は音についての新鮮な教科書でもある。第3章の「吠(ほ)える魚」では、「残念なことに、テレビの自然ドキュメンタリー番組では野生生物の出す音が耳に入ることはほとんどなく」という嘆きを前振りに、自然界の生物が発する音の話が始まる。体長二、三センチのテッポウエビは、シロナガスクジラの声をかき消すほどの騒音を出すのだという。第5章「曲がる音」のテーマは音の集束作用。回廊の壁を伝って遠くの声が聞こえてしまう現象は、謎解きミステリーの題材にもなっているが、意図的につくられた「ささやきの回廊」は、何と某国某所の議会議事堂にあるのだとか(密談が必要な場所なのにね)。中高生の皆さんにユニークな読書感想文の書けるお勧め本第三弾、でも担任の先生が猫好きな場合は、一六四ページの「猫ピアノ」の話題に触れちゃダメですよ。田沢恭子訳。

原題：THE SOUND BOOK　白揚社

9月25日付

『ゴジラ映画音楽ヒストリア　1954―2016』

小林　淳

ゴジラと格闘しつつ伴走してきた歴史

映画『シン・ゴジラ』が大ヒット、社会現象化し、多くのゴジラ関連本が書店をにぎわしている。本書はそのなかでも異色な「音楽に焦点をあてたゴジラ映画通史」だ。一九五四年の第一作『ゴジラ』の伊福部昭から『シン・ゴジラ』の鷺巣詩郎まで、十一人の音楽家たちがゴジラと格闘しつつ伴走してきた歴史を解説している。『シン・ゴジラ』には『ゴジラ』のメインテーマを始め、ゴジラシリーズを彩った名曲の数々がオリジナル・サウンドトラックで使用されているので、初見の方もリピーターも、本書を繙いてから映画館に行くと、いっそう心躍ることでしょう。

著者の小林淳氏は、ゴジラ愛に満ちた本書の前にも、専らゴジラのルーツ・本多猪四郎と伊福部昭をテーマにした著書と編書を発表しているが、そのなかにぽつりと一冊

『岡本喜八の全映画』がある。従来、映画史的にはゴジラシリーズと結びつけられることがなかった岡本喜八作品が『シン・ゴジラ』に強く影響を与えていることは今熱っぽく議論されており、それを踏まえると、何やら予見的で興味深い。

アルファベータブックス

『大統領の疑惑』

メアリー・メイプス

健全なジャーナリズム

10月9日付

一九八八年から二〇一〇年まで、TBSなどの深夜枠で放送されていた「CBSドキュメント」という番組をご記憶の方は多いだろう。米CBSテレビの人気報道番組「60ミニッツ」の日本語版放送で、メインの司会者はピーター・バラカン氏。毎回二、三篇ずつ紹介されるエピソードは調査報道からハリウッドスターのインタビューまで硬軟幅広くバラエティ豊かで、私も毎週楽しみに視(み)ていた。

本書の著者メアリー・メイプスは、その「60ミニッツ」（当時の番組名は「60ミニッツ2」）のプロデューサーの一人だ。二〇〇四年九月、再選を目指して選挙運動のまっただ中にあったブッシュ大統領の軍歴詐称疑惑を同番組のなかでスクープし、大きな成功を収めたのもつかの間、このスクープの重要な証拠である通称「キリアン・メモ」という文書に捏造疑惑が持ち上がり、これが大論争に発展して、著者はCBSの内部調査の対象とされ、挙げ句に解雇されてしまった。同時に、若き日のジョージ・W・ブッシュが、ベトナム戦争がもっとも苛烈だった時期に、（一族の強力なコネによって）希望者が多く競争率の高いテキサス州兵航空隊にポジションを手に入れ、しかし配属されたアラバマの施設に現れたという記録はなく、州兵に課された責任を果たした記録も見当たらないのはどういうことか——という肝心の疑惑の方は、何となくうやむやになった。

この大スキャンダルの顚末を、当事者がつぶさに書き記したルポルタージュが本書だ。米国では当然大きな話題になり、ロバート・レッドフォードらの主演で映画化もされた。疑惑の真相がどこにあるのか、誰が嘘をついているのか、ミステリー要素もある本書のネタばれは控えるけれど、一読して強く思うのは、こういう本を出して、映画にまでしてしまうアメリカン・ジャーナリズムは、何だかんだいっても健全で格好いいよなあということだ。稲垣みどり訳。　原題：TRUTH　キノブックス

10月30日付

『新 怖い絵』

贅沢なアンソロジー

中野京子

ミレーの「落穂拾い」がなぜ怖いのか？　『怖い絵』シリーズ待望の続刊である。全二十点、一目でわかる怖さから、著者の解釈や作品の背景を知ることでじわじわ染みてくる怖さまで、まさしく闇の展覧会だ。

西洋絵画の名作によるこの贅沢なアンソロジーは、世界史や美術史、神話や伝承を面白く学ばせてくれる教養書である。人間の愚かさと残酷さを陳列した見本棚でもある。ページをめくれば、創作に人生を擲（なげう）った多くの画家たちの栄光と悲惨、歓喜と絶望が交錯する。時代も国も異にする画家たちの多彩な作品が集まれば、そこには世界を映す万華鏡が立ち現れる。

ところで本書には、シリーズ全体のなかでも異色の一品がセレクトされている。「作品11」。この絵の作者は画家ではない。平凡な市井の人でもない。その正体は希代の連続殺人者だ。何が描かれたどんな絵なのか、心してご鑑賞ください。

角川文庫

ミレーの「落穂拾い」
オルセー美術館所蔵

『家族のゆくえは金しだい』

信田さよ子

11月6日付

ありのままの現場からの声

身も蓋(ふた)もないタイトルである。拝金主義っぽいと、一瞥(いちべつ)して抵抗を覚える方もいるかもしれないが、本書に限ってはそれは誤解だ。

著者は一九四六年生まれ。経験豊かな臨床心理士でありカウンセラーだ。本書で紹介されている多くの事例は、ありのままの現場からの声である。その声が「お金という要素を抜きにしては、現代社会に存在する家族の問題を解決することはできない」と訴えている。「愛と絆」だけでは、依存症やDVや虐待やコミュニケーション障害に苦しむ家族と、その個々の構成員を救うことは難しいのだ。

これはけっして家族の「愛と絆」の価値を貶(おとし)める主張ではない。だってそもそも愛は万能ではないし、愛とお金は対立する事項ではないのだから。著者は一貫して、家族間のこじれを緩和し個々の幸せを実現してゆくためには、今ここにある社会システムに沿った、家族間での「お金に対するルール形成」が必要だと説いている。そのためにはまず、親が子に与え、子が親に報いるべき「無償の愛」という神話から、もうそろそろ自由になろう、と。

春秋社

『最も危険なアメリカ映画』

11月20日付

町山智浩

「米国の黒歴史」内包

キューブリックの『2001年宇宙の旅』と、コッポラの『地獄の黙示録』。何度観ても難解で、私には「?」な名画だった。その「?」を解消してくれたのが、本書の著者町山智浩さんの『〈映画の見方〉がわかる本』と『ブレードランナーの未来世紀』だ。映画を観るのは楽しいし、観た映画について語り合うのも楽しい。そこに優れた評者による分析や解読が加わればもっと楽しい。

本書もまた、基本的には町山さんによるスリリングなアメリカ映画の分析・解読だ。ただ今回ちょっと特殊なのは、取り上げられている作品が「アメリカの黒歴史」とでも呼ぶべきテーマを内包していることである。先住民の悲劇、苛烈な人種差別、アカ狩り、戦争と兵士のPTSD、メディアに乗っかる伝道師、黄金の五〇年代の裏面、暴走するポピュリズム――全体に地味な作品が多いし、いつもの町山さんの著書のように、読んだらすぐワクワクとその映画を観たり観直したくなるとは限らない（あの『バック・トゥ・ザ・フューチャー』でさえも！）。すぐには観られそうにない映画もある。たとえば第3章の『空軍力による勝利』はディズニーによる戦意高揚アニメで、第二次世界大戦中に創られた作品だから、この空軍の敵は当然のことながら日本とドイツである。アメリカ本国では二〇〇四年にDVD化されているそうだが、我が国での発売は望み薄だ。
よく「アメリカがくしゃみをすると日本は風邪を引く」と言うけれど、そんな自虐まじりにふざけるまでもなく、自由主義経済と民主主義の国では、アメリカで起きてきたこと・起きていることは全て起こる可能性があるし、現に起きていて表面化していないだけだったりする。この数々の危険なアメリカ映画に描かれている黒歴史のうち、まだ私たちの国には（かろうじて）刻まれていない要素は何だろう――と考えると、だんだん恐ろしくなってくる。

集英社文庫

11月27日付

『ぼくたちが越してきた日から そいつはそこにいた』

ローダ・レヴィーン文　エドワード・ゴーリー絵

「そいつ」は何かを待っている

エドワード・ゴーリーと言えば、不条理でブラックで意味深な絵物語を描く画家。たとえばアルファベット二十六文字の頭文字を持つ二十六人の子供たちが、順番に、むごくて滑稽な死に方をしてゆく様を描いた『ギャシュリークラムのちびっ子たち』など、この作者は何か根本的に間違ってないか？　と悩んでしまうような作品だ。でも、ひとたびその風変わりで謎めいた作風に魅せられてしまうと、もう逃げられない。本書は、そんなファンだからこその「ゴーリー観」を最良の形で裏切ってくれる逸品だ。ゴーリーの絵本なのに泣けるんですよ。

新しい家に引っ越してきた「ぼくたち」が出会った「そいつ」は、図体の大きなムクムク犬である。語り手の「ぼく」と弟のオグドンは、「そいつ」が何かを待っていると

『ぼくたちが越してきた日から　そいつはそこにいた』より

感じる。何を待っているのかな。あれかな、これかな？　二人はそれぞれ「そいつ」のために知恵と心を尽くし、ある答えにたどりつく――。

孤独を打ち消し、癒やすものを探すお話。ローダ・レヴィーンの簡潔でやわらかな文章も素晴らしい。柴田元幸訳。

原題：HE WAS THERE FROM THE DAY WE MOVED IN

河出書房新社

12月4日付

『七四(ナナヨン)』

神家正成　戦車で起きた密室殺人

タイトルの『七四』は「七四式戦車」の意味である。本書の舞台は陸上自衛隊、富士駐屯地。整備工場に置かれた一台の七四式戦車のなかで、ある幹部隊員の遺体が発見される。戦車という密室のなかの死体。当然自殺と思われたが、自衛隊内の犯罪捜査を行う中央警務隊あてに匿名の告発電話がかかってくる。あれは殺人だ、と。調べてみるとその電話の発信元は、駐屯地内にある当の死者の席だった――

私はミリタリー関係に全く疎いので、言われてみればそりゃ当然だというバカな驚き方をしてしまったのですが、戦車の「密室度合い」は生物兵器や放射能汚染にも対応できるほど半端ないのですね。その動く完全密室を制御するのは厳しい訓練を受けた隊員たちと、最先端のコンピュータソフトウェア。たとえば、七四式戦車の後継機種の一つ一〇式戦車（映画『シン・ゴジラ』のタバ作戦に出てましたね）について、ずばり「一〇式戦車なんて動くコンピュータですからね」という台詞があります。そう、このハードなミステリーの核心にはソフトがある。あくまでも本格謎解きミステリーであって、軍事ミステリーではないところが本書の特徴であり、最大の魅力だ。

ただ、ページを開くと冒頭からミリタリー用語と自衛隊内の機構や階級、規律等に関する専門用語がどっと押し寄せてくるので、ちょっと不安になるかも。私も最初はそうでしたが、どうぞご心配なく。三ページもある登場人物一覧表が便利だし、まさしく戦車のように重心が低く安定した文体も頼もしい限りで、ゆっくりついて行けば決して迷わない。中央警務隊側の主人公・甲斐和美は「働く女」の清々しい理想型。外部にいるもう一人のキーマン、悩める経営者・坂本孝浩の過去は――。組織と個人の拮抗を背景に、現代社会の罪と罰をがっつり描けるミステリーは警察小説だけじゃない。そう高らかに宣言する新鮮な快作だ。

宝島社文庫

◎2016年を振り返って

『スポットライト』がきっかけになり、ちょくちょく映画館へ行くようになりました

2017年におすすめした本

1月8日付

『恐怖の地政学　地図と地形でわかる戦争・紛争の構図』

T・マーシャル

地理で謎解く国際情勢

本書は（長い副題にあるとおり）世界情勢のきな臭い部分を主に取り上げているので、確かに「恐怖の」という表現がふさわしい。が、原題もずばりと的確だ。世界中のあらゆる国家は等しくその置かれた土地の地理や地形の虜囚であり、ある国の有り様の根本を（否応なしに）定めてしまうのはその土地の自然条件なのだ、と。

地政学とは、「国際情勢を理解するために地理的要因に注目する学問である」。地理学と国際政治学の組み合わせ？　ううう、専門性が強くて難しそうカンベンしてください——と思いつつひもといてみると、あら不思議！　まったく難しくない。むしろ、今まで時事解説などを読んでもよくわからなかった国際紛争の肝心なところがすんなり頭に入ってくる。

本書の構成は全十章。世界をおおまかに十の地域に分け、各々(おのおの)に一章ずつ振り当てて分析と解説を加えている。この章題がまた絶妙に上手(うま)くて、たとえば中国は「自然の巨大要塞と十四億の巨大不安」。ロシアは「果てしない大地と凍り続ける港」。アメリカは「地形によって運命づけられた史上最強の国」。私たちの常識レベルの知識でもピンとくる言葉が並んでいる。中国を要塞化している要素って、ヒマラヤ山脈とゴビ砂漠のことかな。そうか、ロシアはあんなに広いけど、不凍港が一つもないほど寒いんだね。それに比べてアメリカの気候と自然の豊かなことよ。もしもこれが逆だったら、世界はどうなっていただろう?

地理学を土台に、ここに山脈がありここに大平原がありここに大河がある、だからこの国の歴史はかくかく外交戦略はしかじかで、今はこんな問題を抱えているわけか――と謎解きしてゆく本書を読む際は、地形が立体的に描かれているカラーの世界地図（実は、メルカトル図法のものは第六章始めに記されている理由でベストではないのだけど）をお手元にどうぞ。甲斐理恵子訳。

原題：PRISONERS OF GEOGRAPHY　さくら舎

1月29日付

『ブルマーの謎〈女子の身体〉と戦後日本』

戦後女子を縛った「枷」

山本雄二

表紙の写真のとおり、本書で取り上げているブルマーは身体にぴったりくっついた「密着型ブルマー」、お尻の形がもろに出て、両足は腿(もも)から下が剝(む)き出しになる女子の体操着のことである。では、その謎とは何か。

①密着型ブルマーは、一九六〇年代半ばごろから、中学校を中心に女子の体操着として急速に普及・定着した。当事者の女子たちからは「身体の線が見えて恥ずかしい」という声もあったのに、なぜトレパンでもジャージでもなく密着型ブルマーだったのか。

②その普及のきっかけについては、「東京オリンピック憧れ説」「運動機能向上説」等々があり、どれももっともらしく聞こえるのだが、確たる裏付けは見つからない。

これらはただの風説に過ぎず、真の理由は他にあるのか。

③全国に普及していた密着型ブルマーは、九〇年代半ば以降、一転して急速に女子体育教育現場から姿を消してゆく。なぜ消えたのか？

地道な検証でこれらの謎に迫ってゆく本書には、調査報道のようなスリルと緊張感がある。本書は明らかにしてゆく。密着型ブルマーの普及（強制）の背景には「女子体操着市場」という大きな利権の争奪戦があり、戦前型精神論を尊ぶ「大日本主義」と、GHQの民主化政策を受けたスポーツ自由主義との対立があった。

そして、私は胸騒ぎを覚えずにいられない。およそ三十年もの間、多感な女の子たちが密着型ブルマーの着用を強いられ、日常的に互いの体型を見比べる状況に置かれ、「ぴったりブルマーをはいてもスタイルのいい子は格好よく見える」「スタイルがよくないとみっともない」「女の子はスタイルがよくなくちゃ！」という価値観を（自然に）刷り込まれてきたことが、現代日本の女性たちの美的な体型への不健康なまでのこだわり、過剰なダイエット志向の根っ子にあるのではないか、と。たかがブルマーではない。枷(かせ)であったかもしれないのだ。

青弓社

2月12日付

『猫俳句パラダイス』
倉阪鬼一郎

もう魔法にかかりまくり

テレビのバラエティ番組を契機に、俳句がちょっとしたブームになっている。一方で今は空前の猫ブームだともいう。ならばその両方の魅力を堪能できる本書はブームの最強カクテルだ。著者の倉阪さんはこうしたコンセプトの立った俳句アンソロジーを編む名手で、この新書版でも本書が三冊目。古典的名句から現代のカジュアル俳句や川柳まで目配りは幅広い。わかりやすくて楽しい解説についてゆけば、誰でも手軽に俳諧の世界に親しむことができる。

たった十七文字で世界を描き、日常の風景を切り取り、心の動きをすくい上げる。俳句は一瞬の芸術であり、名句はその一瞬を永遠に変える魔法の力を持っている。世の猫好きの皆さんは心してページを繰ってください。次から次へと飛び出す猫、猫、猫俳句の愛らしいこと面白いこと。もう魔法にかかりまくりだ。私も一句ひねってみたくなり、さんざん頭を悩ませましたが、空振りでした。

そこで一句引用を。

猫の子の手を桃色に眠りけり　仲寒蟬（なかかんせん）

寝息が聞こえてきそうではありませんか。

幻冬舎新書

『狩人の悪夢』

有栖川有栖

動機より論理で解く謎

2月26日付

臨床犯罪学者・火村英生と推理作家・有栖川有栖（アリス）のコンビが活躍する人気シリーズの最新長編。四半世紀も続くこのシリーズは著者の代表作であるだけでなく、現代国産ミステリ界の看板作品でもある。本書では、売れっ子ホラー作家の身辺で発生した奇怪な殺人事件の謎にこのコンビが挑む。被害者は装飾品の矢を使って殺害され、死体の右手首が切り落とされ持ち去られていた。現場には犯人のものと思われる血まみれの手形が残されており――

火村准教授は「フィールドワーク」つまり研究のため捜査活動に関わる。シリーズ当初は警察側に煙たがる向きもあったが、数々の難事件を解決に導き、実績と信用を積み上げてきた今日では、事件発生と同時に臨場の招請を受けるようになった。このあたりの経緯は、永年(ながねん)のファンには誇らしい限りである。

一方で、このシリーズはいわゆる「サザエさん」方式で、火村もアリスも歳をとらない。事件の舞台となる社会は変化するし世相も移るが、探偵役は変わらない。これは現実と切れているのではなく、直近の現実にあわあわ左右されないということだ。これまでずっと火村が追及し、アリスが助手として親友として見守ってきたのは普遍的な「論理による謎の解体」であり、だからこのシリーズは、多くの現代ミステリが見せ場としている動機＝心情の解明にこだわらないし、頼らない。それは論理にとって必ずしも重要なものではないからだ。この姿勢は過去作のなかでも（濃淡の差はあれ）表明されてきたが、本書では明言されている。

「動機については無視して考えました。これは私のいつものやり方です」

実は、火村自身が心の内に不穏な犯罪の動機を秘めている。過去の出来事らしく、詳細は未だ不明。無駄に語らず語らせない探偵役のこの台詞は、「犯罪という事象に至る人間の業を安易に物語化しない」という宣言だ。しびれる。

角川文庫

3月12日付

『《統計から読み解く》都道府県ランキングvol.2』

久保哲朗

浮上する多様性と特質

表紙に「地域マーケティングに役立つ1冊」とある。vol.1が一昨年十月に刊行されており、本書はvol.2である。vol.1のときは、たぶん、マーケティング用の統計本など私が読んでもわからないとスルーしていたのだと思う。で、遅まきながら今回は強力にお勧めするのだが、これはまず間違いなく著者や版元の意図には沿わない方向のお勧めだ。そもそも私はマーケティングにも統計学にもまったく疎い。本書を仕事の資料に活用したい――という読者の方にとっては、この一文は書評として参考にならないことを先にお詫びしておきます。

とにかく本書は面白い。手っ取り早く言うならあの「トリビアの泉」であり、「秘密のケンミンSHOW」だ。Chapter1では都道府県別に様々な事物の消費量・行動時間をランキング紹介し、その都道府県の個性や傾向を分析している。Chapter2では事物の方を項目別にランキングし、相関データとして反比例する項目のランキングも示してある。たとえば、あんまり個性がない（としばしば県民自身に自嘲的に評される）埼玉県。本書のデータによると「自転車購入費」が全国1位で、スポーツ人口が多いアクティブな県なのである。雪が多く冬が長い北海道が「25歳以上編み物・手芸人口」で全国1位なのは室内で過ごす時間が長いからだろうとピンとくるが、その北海道が「自動車保有台数」では35位というのはけっこう意外でしょう。項目別ランキングの方では、「梅干し消費量」全国1位は和歌山県。紀州梅は味と品質で全国制覇する以前に、まず地元で愛されているのだ。「カップ麺消費量」1位が青森県で、「アイスクリーム・シャーベット消費量」1位は石川県（最下位は何と沖縄県）。シンプルなデータの数々からこの国の多様性と特質が浮かび上がってくるのと同時に、種々の問題点もうっすらと、しかし生活感を伴って見えてくる。中高生には、社会科のレポートの素材にうってつけかも。

新建新聞社

3月26日付

『ルポ　ネットリンチで人生を壊された人たち』

ジョン・ロンソン

現代によみがえる公開の「刑」

本書のテーマは、インターネットという新しいツールによって再発見された「懲罰としての恥辱」だ。私たちは誰でも、ツイッターやブログ上での軽率な発言やふるまいのせいで、不特定多数の人々に糾弾され、恥と罪悪感に苛(さいな)まれる可能性がある。それは同時に、私たちは誰でも、軽率な発言やふるまいをした人物をネット上で発見し、その人物を不特定多数の人々と声を合わせて糾弾し、その人生を破壊し得る力を持っているということでもある。著者は自身が糾弾する側に立った経験も踏まえた上で、こうした動きは私刑であり、古き世紀から現代社会によみがえった「公開羞恥(しゅうち)刑」ではないかと問いかけているのだ。

私は以前、罪人をさらし者にする江戸時代の「市中引き回し」ルートを実際に歩いてみて、その距離の長さに驚いたことがある。世界は営々と歴史を刻みながら、こうした剝き出しに残酷な刑罰を振り捨ててきたはずなのだが、インターネットの築いた新世界は、そこにふさわしい罪と罰のルールをまだ模索している途上にあって、だからリアルな世界の道程をもう一度たどり直してしまうのかもしれない。

本書には様々な立場の人々が登場する。ツイッター上の失言から人種差別主義者だと糾弾された女性。被告人に敢えて羞恥刑を与えることで更生へ導こうとする判事。性的スキャンダルを暴かれながら、ほとんど無傷で復活した著名人。ネット上の「忘れられる権利」をサポートする新ビジネスの推進者。ネット社会の事象を追いながら、著者の考察は次第に現実社会と生身の人間の側に戻ってくる。

新書判で五百ページ近い厚さを一気に読ませるスリリングなルポ。全体にサスペンス・ミステリーの雰囲気があり、ボブ・ディランの発言捏造騒動や、群集心理についての著名な実験にまつわる疑惑など、ネット社会に関心がなくても興味深いエピソードがいっぱいだ。夏目大訳。　原題：SO YOU'VE BEEN PUBLICLY SHAMED　光文社新書

『植物はなぜ薬を作るのか』

斉藤和季

動かないがゆえの戦略

子供のころ、祖母や母がよく煎（せん）じ薬を飲んでいた。今、同じ薬を私もときどき飲む。昔からある生薬だ。そして毎日ボタニカルパワー（植物の力）のシャンプーで髪を洗っている。生薬もボタニカルパワーのシャンプーも、人間の身体にとって有益な植物の成分を利用して作られているものだ。では、その成分は植物自身にはどういう働きをしているのだろう。植物はなぜ、どんな目的があってその成分を作り出しているのだろう。本書は、意外と知る機会の少ないこの疑問に詳しく答えてくれる。

植物が作る化学成分は、人類が誕生したときから薬として使われてきた。これらの薬となる植物の発見はセレンディピティー（偶然の所産）で、たくさんの植物をかじったり食べたりしながら、人間は「お薬」になる植物を見つけ出してきたわけだ。紀元前四〇〇〇年〜三〇〇〇年頃に遡るメソポタミアの粘土板には既に医薬の記述があるという。それほど永いお付き合いなのに、「植物の力」の仕組みが解明されてきたのは、分子生物学やゲノム科学が発展してきた比較的最近のことだというから驚きだ。

植物は動かない。自分の力で移動して生息域を広げることはできないし、外敵に捕食されても逃げることができない。多くの植物成分は、この「動かない」という選択をした植物がより上手に生き延び、より効率的に繁殖してゆくために作り出してきたものだ。それが人間にとっても役立つものだったから、多くの生薬や化学成分が発見された。植物の進化の戦略が、結果的に人類の進歩をサポートしてくれた。

巻頭のカラー写真で、漢方薬の七割に含まれる甘草の原料ウラルカンゾウや、抗がん薬を作るニチニチソウの可憐な姿を見ることができる。ときどき出てくる化学構造式は、著者によると「挿絵やイラストだと思っていい」。この分野の第一人者による解説で、植物学の歴史と最先端の知見を気軽に楽しく学びましょう。

文春新書

『日本ノンフィクション史』

4月23日付

越境する事実と物語

武田 徹

いきなり私事で恐縮だが、私の高校の先輩には著名なノンフィクション作家が二人いる。これまで何度か三人でお話しする機会に恵まれて、お二方の作品の舞台裏や取材の苦労などについて聞かせていただき、そのたびに思うことがあった。ミステリー作家の私は、自分の作品（物語）が現実の事件を模倣しないよう気をつけねばならない。対して先輩方は、自身の作品が既存の物語に寄ってしまわないように――つまり取材や資料の読み解きの際に、それらを既存の事象に与えられている解釈に押し込めてしまわないように、あくまでも事実の示すところに忠実であるように自分を律せねばならない。

これは仕事として全く逆方向のあり方だ。でも、いざ書こうとすると、フィクション作家だって取材をし、取材で得た事実は（物語にリアリティを与えるために）なるべく正確に書こうとするし、ノンフィクション作家だって、取材によって得た事実だけでは埋めきれない空白の部分には想像力を働かせて物語を書かねばならない。本来、対向車線を走っているはずなのに、しばしば越境し合ってしまうのだ。

フィクションとノンフィクションは、ウロボロスのように互いの尾を噛み合っている。本書の著者は、これを「内部がいつのまにか外部になり、外部がいつのまにか内部になっている」クラインの壺(つぼ)に喩(たと)えている。ルポルタージュと呼ばれれば硬派で、実話小説と呼ばれれば胡散臭(うさん)く、ノンフィクションノベルというぬえみたいなジャンルを生み出し、いつのまにか「非(ノン)・フィクション」という出版界の一大産業になった報道・記録文学の歴史は、事実を物語化したいという人々の欲望の歴史でもあるのだ。本書は、まとまった書籍としては貴重な日本ノンフィクション通史だが、現実の事件に材を得ることが多いミステリーの世界にいる私は、むしろこれからフィクションを書こうとしている方にこそお勧めしたいと思った。

中公新書/品切れ

4月30日付

『ファット・キャット・アート』

スヴェトラーナ・ペトロヴァ

不届きで愉快で愛らしい画集

ミケランジェロの「アダムの創造」、フェルメールの「牛乳を注ぐ女」、クリムトの「接吻（せっぷん）」――古今東西の名画のなかに太っちょな茶トラ猫が入り込んで澄まし顔でポーズをとる、不届きで愉快で愛らしい画集だ。笑っちゃう冗談アートなのですが、デブ猫ちゃんがあまりにも巧（たく）みに配置されているので、「これ、もとの絵はどうだったっけ？」と混乱してきて、本物の画像を確認したくなる。ダリの「聖アントニウスの誘惑」など、もともとこういう絵だったみたいだ。このデブ猫ちゃんは牡（おす）で、名前はツァラトゥストラ。名前負けしないインテリだから、名画について大いに語る。なにしろ彼は芸術の神「ミャウズ」の代弁者なのだ。

作者はサンクトペテルブルク在住のアーティスト。ツァラトゥストラにポーズを強いるのではなく、彼の自然なしぐさから作品のインスピレーションを得ているそうです。
喜多直子訳。　原題：FAT CAT ART　エクスナレッジ
※『新装版　ファット・キャット・アート』が発売中

クロード・モネ「睡蓮の池――にゃんこの行水」
『ファット・キャット・アート』より

5月14日付

『地中の記憶』
ローリー・ロイ

アメリカ南部を舞台にしたミステリ

昨年のアメリカ探偵作家クラブ賞・最優秀長編賞受賞作。全体の四割ほど進むまでは物語の進行がじれったいほどゆっくりだが、スローテンポだからこそ醸し出されるサスペンスがたまらない。

アメリカ南部を舞台にしたミステリにはゴシック小説の雰囲気を色濃くまとった作品が多く、本書もその一つだ。十五歳と半年の少女がハーフバースデー（誕生日の六ヶ月前の日）の真夜中に井戸の底を覗（のぞ）くと、そこに未来の夫の顔が映るという謂（い）われも、ヒロインのアニーが霊感のような力をもっていること、叔母のジュナも同じ力の持ち主で、かつてそのために事件が起きてしまったという筋書きもゴシックホラー的。アニーが見つけた死体が呼び覚ます町の忌まわしい記憶とは？

湿気を帯びた生ぬるく重い空気、生い茂る藪、深い井戸の底の水、大きな廃屋の傾いた網戸とその奥の暗闇。本書の描写が何かを連想させると思ったら、ゲーム『バイオハザード7』だ。ビジュアルのイメージがどんぴしゃり。家族の物語であること、その家族の娘がキーパーソンであることも重なるのが面白い。佐々田雅子訳。

原題：LET ME DIE IN HIS FOOTSTEPS　ハヤカワ・ポケット・ミステリ

5月28日付

『独裁者たちの最期の日々　上・下』

ディアンヌ・デュクレ、エマニュエル・エシュト編

現代世界史紡ぐ三世代

「二〇世紀の全体主義政体の創始者あるいは継承者として、本書に描かれた独裁者は三世代にわたっている」

「まえがき」にあるとおり、上巻のトップバッターには一九四五年四月に殺害されたムッソリーニ、下巻のラストには二〇一一年十二月に死亡した金正日が配されている。上下巻に各十二名ずつ、ヒットラーやスターリン、フセインやポル・ポトのような超有名クラスから、フランコやチャウシェスクのように忘れられつつある中級クラス、フワーリ・ブーメディエンやモブツのような「それ誰？」クラスまで幅広く選び出し、コンパクトにまとめた人物伝で、通読すれば、個々の人物について知識を得るだけでなく、第二次世界大戦後の現代世界史をざっとつかむことができる。

目次を見ると、「独裁者」というくくりで、ユーゴスラヴィア建国の父ティトーやソ連のブレジネフが入っていることに、ちょっと違和感を覚える。一九六〇年生まれの私の記憶では、ティトーは国父として当時のユーゴ国民に敬愛されていたはずだし、ブレジネフ書記長はソビエト共産党の最高指導者ではあっても、粛清の限りを尽くしたスターリンや、キューバ危機を起こしたフルシチョフに比べたらずっと温和な（現状維持主義の）政治家だったはずだ。

しかし本書を読み進むと、総勢二十二名に及ぶ執筆者たちの定義する「独裁者」が、一般的な暴君のイメージに留まるものではなく、その国民にどんな国家観を与え、どんな歴史を紡ぎ、後世にどのような影響を及ぼしたかという観点まで含んでいると判(わか)ってくる。その猟奇的な奇人ぶりを描いた『食人大統領アミン』という強烈な映画を思い出し、個人的に興味深かったのはウガンダの元大統領アミン・ダダだ。この人、ちゃんと「畳の上で」死んでいるのですよ。天網恢々(てんもうかいかい)も、残念ながら全てを漏らさぬわけではないらしい。清水珠代訳。　原題：LES DERNIERS JOURS DES DICTATEURS　原書房

『偽装死で別の人生を生きる』

エリザベス・グリーンウッド

体験者ら取材、自らも…

6月4日付

二〇〇八年のリーマンショックのすぐ後、ニューヨークのベトナム料理屋の一角で、無職になったばかりのある若い女性が、十万ドル（一生分の利息を足すと実は五十万ドル）の学資ローンをいったいどうやって返済したらいいのかとこぼしていると、男友達がこう言った。

「死んだことにする、という手もあるよね？」

この一言を天啓と思った彼女は、帰宅後に猛然と検索をかける。キーワードは「死亡偽装」。すると、ネット世界にはこの偽装行為をめぐるコミュニティがあって、（自称）専門家によるノウハウが開陳され、様々なアドバイスが交換されていた。これらの情報はどこまで信頼できるのか。彼女は真剣に調べ始める。これが本書の発端で、こぼしていた若い女性が著者である。

我が国の事情はいかにと「死亡偽装」で検索してみると、上位にはヤフー知恵袋のQ&Aと、「死んだふりで借金がチャラ?」というNAVERのまとめが表示された。ミステリ作家は昔から人物の成りすましや入れ替えトリックのバリエーションを多々編み出してきたのだが、昨今は便利になったというか、むしろ書きにくくなったというか。ちなみに私が昔この偽装トリックを書いたとき、いちばんの難物だったのが運転免許関連なのだが、それは未だに現実のなかでも同様であるらしく、著者は偽装死後は「車は捨ててしまおう」と勧めている。

著者が自身の偽装死を成功させるため、その実体験者たちや失踪請負人、その種の偽装を摘発する人々までも追っかけて取材し尽くし、偽の死亡証明書を得るべく某国に渡るまでの経緯は、リアル版の異世界ファンタジー冒険譚さながらである。若く未熟だが勇敢な主人公が現世の苦難からの解放を求めて異界を彷徨(さまよ)い、良い怪物や悪い魔法使いや存在するはずのないゴーストに出会って深い洞察という宝物を得て帰還する、二一世紀の「往(い)きて還(かえ)りし物語」だ。赤根洋子訳。　原題:PLAYING DEAD　文藝春秋/品切れ

6月25日付

『チェーン・ピープル』

三崎亜記

異様な静謐、白い味わい

表題作を含む六篇で構成された短編集。
「正義の味方」――塗り替えられた「像」
「似叙伝」――人の願いの境界線
「チェーン・ピープル」――画一化された「個性」
「ナナツコク」――記憶の地図の行方
「ぬまっチ」――裸の道化師
「応援」――「頑張れ！」の呪縛
というふうに、個々のタイトルに何とも暗示的な短い添え書きがついている。
デビュー作の『となり町戦争』を始めとして、三崎亜記さんの作品には独特の空気感がある。とにかく落ち着いているのだ。SF的なアイデアが核になっていて、けっこう不気味でカタストロフな出来事が起きている作品でも、一種異様なまでの静謐（せいひつ）さをたたえている。

本書はできるだけ事前情報をいれずに読んでいただきたいタイプの本だが、ちょっとだけ内容を明かすと、「チェーン・ピープル」は、全国津々浦々どこでも同じ店舗仕様で同じ品揃えのチェーン店のように、多くの人々が一つのプロトタイプな人格に合わせて暮らしてゆくというお話だ。「ぬまっチ」は、目に見えない着ぐるみを着ているというふれこみで（つまり着ぐるみ無しで）ゆるキャラになった中年男性をめぐる騒動。コメディではないが、読んでいて笑ってしまうところもある。こうした作風は、一般的には「ブラックな味わい」と評されるのだろうが、本書はちっともブラックではない。むしろ印象は限りなくホワイトだ。

この白さ、滅菌されたような清潔さこそが、三崎亜記の真におっかない魅力なのだと思う。本書を読んでいると、真っ白な服を着て密封されたカプセルに搭乗し、人間性の暗闇を巡るアトラクションを楽しんでいるように感じる。でもページを閉じてカプセルから降りた瞬間に、六篇で巡り見てきたその暗闇が、自分の心臓のなかでも脈打っていることに気がつくのだ。

幻冬舎文庫

7月2日付

『神父さま、なぜ日本に？　ザビエルに続く宣教師たち』

女子パウロ会 編著

今を生きるザビエル

遠藤周作の『沈黙』がマーティン・スコセッシ監督により映画化され、日本では今年公開されて話題になったことは記憶に新しい。十七世紀の日本に、キリスト教布教のために渡り来たイエズス会の二人の宣教師の苦難を描くこの小説を初めて読んだとき、私はまだ多感な年頃だった。「葬式仏教」の自分が何だか急に恥ずかしくなり、でもこれほどに人の魂をえぐる「信仰」というものは恐ろしくて近づき難く、しばらくのあいだモヤモヤしたのを覚えている。

今でもキリスト教に対しては、チャペルの結婚式に招かれ、祭壇に立つ神父様を見て「映画みたい」と思うくらいの距離感しかないけれど、自宅の近所に教会が二つあるのは知っている。散歩や買い物でその前を通りかかると、法衣を召した方をお見かけすることがある。

本書には、長く日本に滞在し、そうした町の教会や学校の教壇から教えを説いてこられた十一の修道会に所属する十五名の神父様たちが登場する。一般に流通する書籍ではあるが、迷わず手に取るのはまず信徒の方ばかりだろう。それでも本欄でご紹介するのは、表紙に掲載されている神父様たちの笑顔があまりにも素晴らしいからだ。皆さんご高齢なので、素敵なおじいちゃまたちのお顔が並んでいるのだが、この方たちはただの好々爺(こうこうや)ではない。日本という国を選んで「福音のあかしに生きる」ことを決めた宣教師なのである。その在日年数は半端なく、たとえば『沈黙』と同じイエズス会のアルフォンス・デーケン神父は、一九三二年生まれで来日は一九五九年のことだ。半世紀以上、この国の高度成長期以降の良いことも辛いことも、みんな共に体験しておられるのだ。

ザビエルといえば、一般的には歴史の教科書に登場する名前でしかないが、本書のなかには今を生きるザビエルの末裔(まつえい)がいる。神父様たちにとって「日本」はどんな国なのか。その問いかけに答える肉声は優しく温かい。

女子パウロ会

7月16日付

『フォークロアの鍵』

川瀬七緒

おいしい民俗学ミステリ

認知症グループホームで暮らす高齢の女性が、ある時から急に脱走を試み始める。それは決まって夕暮れで、何か切実な理由があるらしい。さらに彼女は奇妙な言葉を口にする。「おろんくち」と。この言葉に、老人たちから口頭伝承を聞き集めるためホームに通っていた民俗学研究員・羽野千夏が興味を抱いた。介護士もカウンセラーも非協力的で、当の女性とはほとんどコミュニケーションがとれない。しかし曲者揃い（くせものぞろ）の他の入居者たちと、ネットで知り合った学業放棄状態の高校生・立原大地の応援を得て、千夏は少しずつ「おろんくち」の謎を解きほぐしてゆく。

超個性的なホームのメンバーの奇行とワガママぶりは強烈だし、母親との確執に悩む大地はウツウツだし、「おろんくち」調査はどんどん不吉な色合いを帯びてゆくし、いくらでも暗い話になりそうなところを軽やかに救っているのが千夏のキャラだ。およそ従来の女性探偵役からはかけ離れた親しみやすさと、ちょっぴり重めの体重なんか気にしない行動力。ジャムマーガリンコッペパンのようにおいしい民俗学ミステリだ。

講談社文庫

7月30日付

『駅弁掛紙の旅』

泉 和夫

カラーで紹介される美麗なコレクション

駅弁の掛紙とは、お弁当の入った箱や折を包んでいる紙のことだ。品名や店名が印刷され、カラー刷りでイラストがついている。この掛紙が、通信や情報網が発達していなかった時代には広告媒体や名所案内となっており、ご意見を伺う通信票の役割も担っていたのだという。

著者は掛紙に魅せられて、中学時代から収集を続けてきたのだそうだ。嬉しいカラー版の本書のなかで紹介される数々の美麗なコレクションを見ていると、今まで弁当ガラを包んでさっさと捨ててきた数々の掛紙に、なんて申し訳なくもったいないことをしてきたのだろうと思う。鉄道の歴史が時代を映すのならば、駅弁掛紙にも時代の証言者たる資格は充分にあり、著者のコレクションは明治から昭和の風俗考証の資料としても貴重だ。それに、とにかくもう美味しそう！
この交通新聞社新書には本書の他にも、旅好き・乗り物好きの人には便利で楽しく、私みたいな出不精の「旅した気分になりたい」願望も満たしてくれる既刊本が数々ある。夏休みの旅行プランの参考にもなりますよ。

交通新聞社新書

8月27日付

『美しい日本のくせ字』
井原奈津子

手書きの温もりに人柄

タイトルには「くせ字」とあるが、これは手書き文字のことだ。「くせ」は個性であり、すべての字に「くせ」があると語る著者はくせ字愛好家であり手書き文字のコレクターでもある。

本書で取り上げられているくせ字は、松本人志やレディー・ガガなど著名人の手になるもの、映画の字幕、一九八〇年代の少女漫画家たちのもの、喫茶店のメニュー、外国人が「日本語を理解しておらず、活字を手本に」書いたもの（著者はこれをフォーリン系と呼んでいる）、道ばたで拾ったメモに書かれていたもの、図書館で見つけたもの等々、幅広くバラエティ豊かで楽しい。普段はほとんど意識していないけれど、日常のなかではこんなにも多彩な局面で手書き文字が使われているのだ。

映画の字幕は手書き文字でないと滑らかに読み取れないという。居酒屋やイタリアンレストランの「今日のお勧め」が手書きではなく、液晶モニターに活字で表示されていたら、ちっとも美味しそうに見えないだろう。文は人なり。手書き文字もまた人なり。まったく著者のおっしゃるとおり、「くせ」があるからこそ手書き文字には血が通い温(ぬく)もりがあるのだ。多くのファンをときめかせる韓流スターの「萌(も)え文字」だって、上手い下手に関係なく、書き手の体温が伝わってくるから萌えるのですね。

一方、手書き文字がデザインとして完成している場合もあり、そこでは「くせ」が単なる個性以上の商品価値を持つ。「暮しの手帖(てちょう)」という雑誌の世界観を定めた花森安治や、新潮文庫の広告でおなじみだったイラストレーターの「100％ORANGE」などがその代表格だ。パッと見て印象的、記憶に残りやすいこれらデザイン系手書き文字のアピール力は計り知れない。

私は自分のくせ字（雑なんです）が大嫌い。読みやすい字を書ける人がうらやましい。本書巻末の「くせ字練習帳」で、アイドル時代の聖子ちゃんの丸文字を習おうかな。

パイインターナショナル／品切れ

『科学捜査ケースファイル　難事件はいかにして解決されたか』　9月17日付

ヴァル・マクダーミド

小説より奇なりの現場

ミステリの世界では、科学捜査・鑑識捜査ものは一大人気ジャンルだ。この大きな輪のなかに数々の小説、コミック、映画やテレビシリーズが存在する。私自身も海外ドラマ「CSI：科学捜査班」シリーズのファンだ。どのエピソードにも興味深いネタが盛り込まれ、「現場鑑識でこんなことがわかるのか」「個人識別の技術はここまで進歩してるのか」と驚かされることばかりで、何度見直しても面白い。

こうした優れたミステリ・フィクションのおかげで、科学捜査についての知識は広く浸透してきた。ただ、フィクションが授けてくれる知識はあくまでも「物語のリアル」を支えるためのものなので、「現実のリアル」のなかへストレートに適用することはできない。

「じゃあ、現実の科学捜査の現場はどんなものなんだろう?」

その疑問に答えてくれるのが本書だ。著者は英国を代表する人気ミステリ作家であり、元ジャーナリストでもある。フィクション作家のストーリーテリングと、ノンフィクション作家の緻密な取材力を合わせ持つ書き手なのだ。科学捜査の曙から書き起こし、全十二章、「火災現場の捜査」「昆虫学」「毒物学」「飛沫血痕とDNA」「復顔」「デジタル・フォレンジック」（デジタル鑑識）等々と、基本的なところを幅広く押さえてあるのが嬉しい。「まえがき」でも述べられているが、豊富な実例を眺めてゆくと、まさに「事実は小説より奇なり」と唸ってしまう。

第十二章「法廷」まで読み進み、裁判員制度が導入されている私たちの社会にも、本書のようなコンセプトの国産の科学捜査解説書があったらいいのにと痛感した（けっして自分が調べ物で楽をしたいからではありません）。確かな基礎知識は、開かれた司法を推し進めてゆくためにも必要なものだと思うのですが、関係各位にご一考いただけないでしょうか。久保美代子訳。

原題：FORENSICS　化学同人

『拡大自殺　大量殺人・自爆テロ・無理心中』

10月8日付

社会に対する激しい怒りと復讐心

片田珠美

「拡大自殺」とは、自殺者が様々な動機で周囲の他者を道連れにすることだ。精神医学の世界では目新しい概念ではなく、たとえば病苦や経済苦による無理心中のケースを思い浮かべれば、私たち一般人にもすぐ腑に落ちる。

しかし現代社会で発生する拡大自殺には、心を痛めるよりも、その凶悪さに震撼するタイプのものもあるのだ。自爆テロや通り魔などの無差別大量殺傷事件である。文字通り自分の命と引き換えに特定のイデオロギーを訴えて社会を破壊しようとする自爆テロはもちろん、犯行後の犯人がしばしば無造作に「誰でもいいから人を殺せば死刑になると思った」「さっさと死刑にしてほしい」と言い放つ無差別殺人も、実は大がかりな自殺なのである。

この種の拡大自殺を引き起こす個人の心の底には、社会に対する激しい怒りと復讐(ふくしゅう)心がある。それを生み出すのは現状の挫折と未来への絶望だ。近年の実例をいくつも挙げつつ、本書はそのメカニズムを精緻に解析してゆく。読み進むほどに恐ろしく、この心性(しんせい)は意外と他人事(ひとごと)ではないと気づけば慄然(りつぜん)としてしまう。

角川選書／品切れ

『湖畔荘　上・下』

ケイト・モートン

じっくり味わいたいメロドラマ・ミステリ

10月15日付

ロンドン警視庁の女性刑事セイディ・スパロウは、女児を置き去りに失踪したある母親の事件の捜査で不祥事を起こし、コーンウォールにある祖父の家に引っ込んで謹慎期間を過ごすことになる。散歩中に迷い込んだ湖のほとりの古い屋敷で、七十年前に男児が失踪する事件が起きていることを知り、興味を抱いて調べ始める。男児の姉・アリスは著名な女性ミステリ作家になっており、セイディは彼女に接触するが――

本書の筋書きの「幹」はこんな感じなのだが、この幹には盛大に枝葉が繁（しげ）っており、蔦（つた）が幾重にもからみついており、下草もみっしり生えている。ストーリーは過去と現在のロンドンとコーンウォールを行き来しつつ多視点で語られ、そのなかには悪意を持って嘘をついている人物がいるかもしれないし、いないかもしれない。著者はよくデュ・

モーリアに比されるが、本書にはアガサ・クリスティのメロドラマ・ミステリに似た雰囲気が色濃く漂っている。秋の夜長にじっくり味わいたい上下巻だ。この展開で、結末が明るいというのも驚きポイントが高い。青木純子訳。

原題：THE LAKE HOUSE　創元推理文庫

10月22日付

『家族をテロリストにしないために
イスラム系セクト感化防止センターの証言』
ドゥニア・ブザール

過激思想から救い出す

明瞭にテーマを示すタイトルと、帯の「フランスで起きていることは他人ごとではない」の一文で、本書がテロの恐怖を声高に叫ぶアジテーション本に見えてしまったとしたら、それは誤解だ。全体を読み通したとき、私が最初に抱いたのは既視感だった。地下鉄サリン事件（一九九五年）を中心とした一連のオウム真理教事件の当時、あの教団に大切な家族を奪われた人々の苦悩と後悔、奪還までの険しい道のりが広く報道され、私たちの日常のなかで「洗脳」「脱洗脳」という言葉が普通にやりとりされていたことを思い出したのである。あのころ我が国のなかで起きていたことと、本書が具体的に解析している諸問題の違いは、主に若者たちに狙いを定めて取り込み、偏向した思想を吹き込んで社会を攻撃する戦力にしようとする主体が、一カルト宗教からISやタリバーンに替わっていることと、そのキャンペーンの手段に二十世紀末では黎明期にあったインターネットが大々的に使用されていることだけである。

もう一つ誤解されそうなことを先にお断りしておくと、本書は反イスラムの本でもない。著者は「ムスリムではあるが、大半のフランス在住ムスリム女性と同様にスカーフを被らず、フランスの無宗教原則に賛同する」人だ。著者が立ち上げた「イスラム系セクト感化防止センター」は、教義を云々する領域には決して入らず、洗脳によって崩壊した個人性を再びよみがえらせるために感情や情動に訴える方法をとっている。個人性の再獲得。カルトからの脱洗脳にはこれが大切なステップだと、やはりオウム事件当時に周知されたことを思い出す。

私たちの国は既に化学兵器テロを経験してしまった。だから正しい警告は、「今後は日本でもテロが起こるぞ」ではなく、「過去から学んで、未来に同じ悲劇を繰り返してはならない」なのだと思う。その一助に、ぜひ多くの方に本書を読んでいただきたい。

児玉しおり訳。　原題：COMMENT SORTIR DE L'EMPRISE "DJIHADISTE"?　白水社／品切れ

10月29日付

『ゲームの王国 上・下』

小川 哲

新星が描く苦難と未来

少女の名はソリヤ。後にポル・ポトと呼ばれるカンボジア共産主義「組織(オンカー)」幹部の隠し子。養父母とプノンペンで貧しくも平和に暮らしていたが、まず養父が、ついで養母が共産主義者を弾圧する秘密警察に殺害され、ソリヤだけが彼女の出自の秘密を知るオンカーのスパイの手で命を助けられて孤児となる。

少年の名はムイタック。農村ロベーブレソンの村長の息子。実はソックという名前なのだが、日に何度も「水浴び(ムイタック)」して家族を呆(あき)れさせ、それが通り名になるほどの強迫的清潔好きだ。ロベーブレソンでは温和な兄のティウンや、輪ゴムに神秘的な信仰心を抱く少年クワンや、土と会話できる「泥」など生き生きとユニークな人々と共に暮らしている。長閑(のどか)なロベーブレソンはオンカーとも秘密警察とも関わりがないように見えるが、ティウンとムイタックの叔父で元高校教師のフオンは、実はオンカーの構成員だ。そしてこのフオンを通して、私たち読者はムイタックが天賦の高い知性を持つ神童であることを知らされる。

本書の上巻は、クメール・ルージュの「革命」と虐殺の時代を生き抜くソリヤとムイタックの苦難の道のりを描く。下巻では、数奇な運命に翻弄（ほんろう）されながらも「この国を救いたい」という強い意志を持って政治家になるソリヤと、脳波測定を用いた最先端のゲーム開発に邁進（まいしん）するムイタック教授が、立場は違えど同じものを求めて進み続けていることを描き出してゆく。二人が求めるものとは、世界というゲームを統（す）べる真に「正しい」ルールだ。誰もが普通に理解できて、人々の命と尊厳を守り得るルール。それが存在するところに真の王国もあると信じて。

現代史の悲惨で過酷な事象を土台にしながらも、本書はきわめて上質なエンタテイメントであり、少年少女の成長小説だ。時々ユーモアさえ漂うのだから驚いてしまう。著者はただ者ではない。SF界からまた一つ超新星が現れた。

ハヤカワ文庫

11月5日付

『湖の男』

アーナルデュル・インドリダソン

ヨーロッパミステリ大賞受賞のアイスランドミステリー

アイスランドの首都レイキャビク警察の犯罪捜査官・エーレンデュル。寡黙で風采があがらず、良き部下に恵まれているのに気難しく、ヘビースモーカーで、趣味と言えば失踪者や遭難者の記録を読むこと。その捜査活動を外連味(けれんみ)抜きの人情味ありで描き、今世界中で愛読されているシリーズの本書は第四弾だ。

人口三十万人ほど、北海道より少し大きいくらいの最果ての凍(こお)れる国アイスランドでは、国民の誰もが遠く緩やかにつながった親戚同士みたいなもの。殺人事件はシンプルで突発的・偶発的で、複雑な動機も派手な展開もない。「それがアイスランドの犯罪なのだ」と呟(つぶや)くエーレンデュルが対峙(たいじ)する今回の謎は、干上がった湖底で発見された一体の古い白骨死体だ。それにはなぜかソ連製の盗聴器が結びつけられていた。

このシリーズはいつも何らかの形でアイスランドの現代史に触れている。今回は東西冷戦の時代に翻弄された若者たちの悲劇を掘り起こしてゆく過程で、孤独なエーレンデュルの私生活にも小さな変化が訪れるところも読みどころだ。柳沢由実子訳。

原題：KLEIFARVATN　創元推理文庫

11月26日付

『嘘の木』
フランシス・ハーディング

苦い現実と少女の勇気

本書の主人公は、十九世紀後半の英国に生きる十四歳の少女・フェイスだ。父親は牧師で博物学者。母はヴィクトリア朝社会のエスタブリッシュメントである夫の良き妻にふさわしく、美人で社交的。物語の核となるのは、タイトルにもある「嘘の木」で、この不思議な植物は人が吐く嘘を養分に育ち、その実を食べた者に夢（もしくは幻覚）のような「ヴィジョン」を示して、本人が希求する真実を教えてくれる。

本書は既にファンタジー系の児童文学として高い評価を勝ち得ているのだが、一読して驚いた。ファンタジー要素は「嘘の木」の部分のみだし、フェイスとその父・サンダリー師を取り囲む謎と困難はどこまでも現実的に苦く厳しい。しかしフェイスは知恵と勇気を振り絞ってそれらを乗り越えてゆくのだ。児童文学の枠に収まりきらない傑作であって、個人的には今年のベスト1だった。

十九世紀後半の英国社会では、ある程度裕福でも、女性には自分の人生を選ぶ権利がなかった。フェイスもそんな少女の一人だ。しかし彼女は学問好きで、自然科学者になりたいと願い、父を深く敬愛している。その父が新種の化石発見を捏造した疑惑をかけられ、一家は逃げるようにロンドン近郊を離れてヴェイン島に移住して、ほどなく父は不審な死を遂げる。フェイスは父の汚名を晴らそうと立ち上がり、孤独な探究によって「嘘の木」を見つけるが――

本書は非常に精緻なミステリーでもあるので、この先はぜひ読んで確かめていただきたい。物語の背景には、ダーウィンの『種の起源』が当時のキリスト教社会の人々に与えた衝撃と、以来現在まで続く「創造論」と「進化論」の対立がある。フェイスがつかむ真実はあまりにも皮肉で悲しいけれど、この悲嘆の先には女性解放の歴史が待っている。フェイスはその先駆けの流れ星の一つなのだ。それを示す終盤の母娘の会話に、私は涙してしまいました。児玉敦子訳。

原題：THE LIE TREE　創元推理文庫

12月3日付

『清張鉄道 1万3500キロ』

赤塚隆二

作家究める乗り鉄

著者の赤塚さんは、二〇一三年四月にJR全線を乗りつぶした筋金入りの乗り鉄（実車する鉄道愛好家）である。松本清張との最初の出会いは映画『点と線』。小学校四年生のときだったそうだ。長じて清張作品をよく読むようになり、作中に登場する日本各地の風景を自分でも見たいと思うようになった。絵葉書的な景色ではなく、様々な場所で働く人々が背景にいるところを。こうして「松本清張を読む乗り鉄」の「完乗」を目指す旅が始まった。本書はその旅と研究の記録だ。

一読、参りました！ 松本清張の築いた巨大な山脈のような作品群を「ストーリー展開によって移動してゆく登場人物たちを乗せる」鉄道を指針に分類・分析するなんて、今まで誰も考えつかなかった。著者は独自の「初乗り」ルールを規定して作品を選んでいるので、名作・有名作も小品も、社会派の力作もロマン・サスペンスも私小説的作品も分け隔てなく並べられ、それが作品研究に新しい視点を与えている。たとえば、同時期に連載されていた複数の作品で登場人物たちがどこへどのように移動してゆくかを照らし合わせてゆくだけで、当時の清張さんの好みや指向、創作と取材の微妙なバランスまで透けて見えてくる。これは従来の作品研究では見えなかった「点と線」だ。

『清張鉄道　1万3500キロ』単行本のカバー

松本清張が国民的人気作家になったのは、社会問題や時事問題を多く取り上げたからではない。その時々のこの国の姿や庶民の心の有り様を的確にとらえて作中に描いたからだ。経済発展によって拡大してゆく鉄路、車窓からの眺めの変遷、駅前の活況や衰退、「旅する」こと自体の意味の変化。それらを背景に、善男善女になりきれない登場人物たちが織りなすドラマが清張ミステリーなのだ――と嚙みしめつつ、ひょいと裏表紙を見ると、「あ、コンニチハ」という感じの装丁も楽しい。**文春文庫**

◎2017年を振り返って
今も忘れがたい『ブルマーの謎』

2018年に おすすめした 本

1月14日付

『アメリカ 暴力の世紀』

ジョン・W・ダワー

「自由の国」の本質直視

『敗北を抱きしめて』で戦後日本の復興とそれを支えた当時の日本人の心性を（真摯に丁寧に敬意を込めて）描き出し、私のような「子供のころからさんざっぱら親の戦中戦後苦労話を聞かされ続けて内心ウンザリしている」世代に、親世代への労り（いたわ）と尊敬の念を目覚めさせてくれたジョン・ダワー。以来、私は感謝を込めてダワー先生とお呼びしている。

先生の専門は日本の近現代史だ。他国の歴史を研究する学者さんはその対象国ばかりに興味があって、自国の歴史には無関心なのだろうか。そんなことはあるまい。『敗北を抱きしめて』にも、アメリカが戦後日本をどのように占領統治して新しい民主国家を誕生させていったのか、その過程を分析してゆくことで、「自由の国アメリカ」の本質に関わる重要な要素が見えてくる——いわば日本という外の国をプリズムとしてアメリカを見つめ直すというテーマも含まれていたのだと思う（だからといって感謝の念に変わりはありませんが）。

では、そのダワー先生が自国アメリカの暴力の歴史を直視したらどうなるのか。本書は第二次世界大戦以後にアメリカが関わった数々の戦争と、その国土と国民の心に甚大な被害と恐怖を与えてきたテロリズムについての書だ。ジョン・ダワーが冷戦や九・一一同時多発テロをどのように見ているかということだけでも充分に興味深いし、この邦訳版には「日本語版への序文」という凄いおまけもついている。本文はオバマ政権の最終盤までが対象の論考なので、二〇一七年一月から始まったトランプ政権については触れられていないのだが、それがこの序文で補われていて、ダワー先生の懸念する傾斜への象徴的な存在としてのトランプ大統領像が浮かび上がってくるのだ。今度は私たちの方が「同盟国アメリカの歴史を通して自国を見つめ直す」契機として、年の初めに本書を手に取ることをお勧めしたい。田中利幸訳。

原題：THE VIOLENT AMERICAN CENTURY　岩波書店

1月28日付

『43回の殺意』
石井光太

事件「物語化」の危うさ

本書は二〇一五年二月に川崎市川崎区の多摩川河川敷で起こった上村遼太君（当時十三歳）殺害事件の詳細を綴ったルポルタージュである。

事件の発覚から三人の少年たちが容疑者として逮捕されるまでの（敢えてこの表現を使いますが）大騒動と、テレビのニュース画面に映し出された遼太君の笑顔をご記憶の方は多いだろう。私も当時この事件に心を痛めた視聴者の一人で、こんないい顔で笑う男の子を惨殺した犯人たちに怒りを抑えることができなかった。

だからちゃんと報道を見ていたつもりだが、本書を読むと、自分がこの事件の細部の多くを誤解していたことに気づいて驚いた。一例をあげれば、私は遼太君が父母の離婚により、「父親の故郷で自身も生まれ育った」隠岐諸島の西ノ島を離れ、「母親の故郷」

である川崎市へ移ってきたのだと思い込んでいた。事実は違う。遼太君の父親はもともと川崎市の出身で、彼が漁業に「転職」しようと決めてインターネットで仕事を探した結果、家族で西ノ島に移ったのだ。遼太君はそのとき五歳だった。これだけでも、事件報道の初期に私が抱いていた「素直で純朴な島の子供が、都会の不良に目をつけられて殺されてしまった」という印象は微妙に違っていたということがわかる。

本書を読み、自分の「現実を物語化したい」という欲求がどれほど根深くかつ無自覚なものであるかを悟って、私はいささか動揺した。犯罪そのものではなく、その報道のされ方と社会の受け止め方が、年々「物語」へ傾斜していると感じていたし、それに対する危機感を持ってミステリーを書いているつもりだったのに。本書を読めば、おそらく多くの方が様々な点で、私と同じように驚いたり、あらためて恐れたり悲しんだりするだろうと思う。そして遼太君の記憶を新たにする。本書はそのために書かれたのであり、こういう仕事をする人々がジャーナリストなのである。

新潮文庫

2月11日付

『オーパーツ 死を招く至宝』
蒼井 碧

四つの謎を解決してバディ誕生

不可解な謎と鮮やかな解決。その二つを結びつける論理のアクロバット。ここに謎の素(もと)となる題材の面白さが加わって、上質の知的娯楽ミステリーになる。第十六回『このミステリーがすごい!』大賞受賞作である本書もそんな一冊で、多くの読者に一夕の楽しみを提供するだろう。タイトルのオーパーツとは、「その時代の技術や知識では作り得ぬ古代の工芸品」の総称で、四篇の連作中編に登場するのは水晶髑髏(どくろ)、プレ・インカ文明が生んだ黄金シャトル、ヒトと恐竜が共存していたことを示す恐竜土偶に、謎めいた巨石遺構。どれも興味深くて胡散臭くて楽しい。主人公の大学生・鳳水月(おおとりすいげつ)と、オーパーツ鑑定士を自称する探偵役の古城深夜(こじょうしんや)が双子でもないのにうり二つだという設定は突飛(とっぴ)だけれど、ちゃんとお話のなかで活かされており、ドタバタしながら四つの謎を解決してバディが誕生する。シリーズ化に期待大。
著者は『このミス大賞』では最年少の受賞者。昨年の鮎川哲也賞受賞作『屍人荘(しじんそう)の殺人』の今村昌弘と並ぶ、本格ミステリー界注目のニューフェイスだ。

宝島社文庫

2月18日付

『ポンコツ武将列伝』

長谷川ヨシテル

人間くさいダメダメな部分を愛する

書名だけだと、戦国時代を上手に生き延びることができなかった敗軍の将列伝のように見えるが、さにあらず。著者がこよなく愛する連戦連敗の小田城城主「ポンコツ・オブ・ポンコツ」小田氏治（おだうじはる）のような武将の方がむしろ少数派で、本書にはNHK大河ドラマで主役やカッコいい憎まれ役を張っている「ノット・ポンコツ」武将が大勢登場する。でも、カンペキな人間はいない。有名武将にも弱点や欠点はある。酒癖が悪かったり、戦嫌いで文化好きだったり、臆病だったり変人だったり。それぞれみんな「ア・リトル・ポンコツ」なのだ。

著者はそもそも小田氏治のことを書きたくて、彼のゆかりの人びとについて調べてゆくうちに構想がふくらみ、「ポンコツ」というキーワードで武将伝をまとめることになったのだそうだ。人間くさいダメダメな部分を抱えつつも（どうにかこうにか）戦乱の世を渡っていった男たちへの愛に溢（あふ）れるポップな文章で、戦国ものの初心者の方にこそお勧めできる。巻末の「ポンコツ武将在世年表」も、種々のドラマや小説を楽しむとき便利に使えそうです。

柏書房

3月4日付

『それまでの明日』

リアルな「詩情」の魅力

原　尞

前作『愚か者死すべし』より十四年。探偵・沢崎が帰ってきた。本書が作者のデビュー三十周年記念作品でもあることを踏まえると、作中の沢崎が五十代になっていることをしみじみと噛みしめてしまう（そしてこの感慨には、きっちりストーリーと噛み合う意味がある）。

前作では開巻早々に沢崎が狙撃事件に遭遇してびっくりしたけれど、今回はシリーズの常の形に戻り、物語は静謐にスタートする。依頼人は、西新宿の古ぼけた雑居ビルのなかにある沢崎の事務所には無縁の「まぎれもない紳士」で、たいていのことは探偵などに頼らなくても自力で解決できそうな雰囲気の会社員だった。依頼の内容は彼が勤める金融会社からの融資が決まっている料亭の女将（おかみ）の身辺調査。ところが、沢崎が調査に取りかかると、この女将は既に死亡していることが判明する。さらに依頼人自身も行方不明になってしまって――

今作でも、「沢崎のいる東京」に登場してくる人物たちの造形は豊かで確かだ。謎の中心である依頼人はもちろん、金融会社に居合わせた（だけの）派手な身なりの女性や、そこである騒動を起こす犯人の一人、巡り合わせで沢崎を手伝うようになる外見も中身もハンサムな青年、こんなところで寝てないでよぉというホームレス。みんなリアルであると同時に、現実にはない詩情を身にまとっている。この「詩情」こそが沢崎シリーズの魅力で、それを醸し出しているのが文章の力だ。硬質でありながら無機質ではなく、ウィットに富んだ比喩に溢れつつも機能的で無駄がない。私はこの文章を読みたくて沢崎シリーズを待っているのだとあらためて痛感した。シリーズのファンにはお馴染みの新宿署の錦織警部も健在。あいかわらず沢崎と嫌味の言い合いをしているし、ぱかぱか煙草（たばこ）を吸っている。私がいちばん好きな清和会のヤクザ・相良が意外な様子で登場し、彼の過去の一端がちらりと明かされるのも嬉しい。

ハヤカワ文庫

3月25日付

『私の頭が正常であったなら』

山白朝子

混じりけのない悲しみ

この著者名には見覚えがないという方でも、ミステリーやホラーや青春小説の読者であれば、本書の雰囲気に、ふと一人の作家の名前を思い浮かべるのではないか。その勘は正しい。熱心なファンのあいだでは周知の事実だそうだが、本書の著者「山白朝子」は、『夏と花火と私の死体』や『GOTH』などで知られる作家・乙一さんの別ペンネームなのである。びっくりですよね。でも、職業作家を続けてゆくうちに、それまで自分が創ってきた作風とは違うところで勝負してみたい、新しい筆名で新たな自分を作りたいと思うようになる気持ちはよくわかる。

とはいえ、本書はまぎれもなく乙一ワールドの作品だ。全八篇、淡いユーモアとファンタジーと恐怖を絶妙に配合した八杯のカクテル。そのベースは蒸留水のように透明で混じりけのない「悲しみ」だ。残念ながら日々社会のどこかで起きている災害や事故や事件——運命の非情や、人間の身勝手な欲望や悪意、愚かさが引き起こす、かけがえのないものの喪失による悲しみ。それを静謐な言葉で綴り、結末に安易な救いを設けず、失われたものは戻らないけれど、それを悼む私たちの人間性はけっして失われないものだと語りかけてくる。表題作は、別れた夫の手で愛娘(まなむすめ)を殺害され心を砕かれた主人公の女性が、ある不可思議な現象を通して現実のなかへ帰還する姿を描いている。巻頭の「世界で一番、みじかい小説」はライトなゴースト謎解き譚だが、タイトルの由来を読めばここにも大きな喪失の悲劇が隠されていることがすぐわかる。東日本大震災で妻子を失った男の心情を描く「トランシーバー」の悲痛な優しさ。巻末に置かれた唯一の書き下ろし「おやすみなさい子どもたち」にある天上の存在が現れるのは、本書の登場人物たちと、彼らの悲しみを読み通した読者の双方を祝福し、救済を祈るためではないだろうか。

角川文庫

4月1日付

『炎と怒り　トランプ政権の内幕』マイケル・ウォルフ
『その情報、本当ですか？』塚田祐之

不愉快な情報は誤り？

トランプ大統領は本当によく閣僚やスタッフをクビにする。本書の巻頭にある登場人物表のなかだけでも、辞任・解任の文字がついた人たちが十名いる（ちなみに「FIRE」には、口語的には「解雇する」の意味もある）。

原著は発売直後から全米ベストセラーとなり、我が国でもニュース番組やワイドショーで連日話題になった。だから待望の邦訳版である本書もそういう番組を観たときのノリで手にしたのだけど、ある人物や組織がどれだけバカであるかを熱心に語る本は悲しい。それと、れっきとしたジャーナリストである著者が、「トランプのホワイトハウス」を取材する自身を「壁にとまったハエ」に喩(たと)えているのも悲しい。トランプ一家の仕切る政権内があまりにも混乱しているので、誰に取材許可を取り、どこまで書いてい

いかを確認することができず、結果的に見聞きしたことを何でも書けて、だから本書には臨場感溢れる貴重な情報も盛り込まれているはずなのに、それはハエの呟き(つぶや)なのか——

トランプ大統領はしばしば、自身に対する批判や政権にとって不利な事実の報道を「フェイクニュースだ！」と怒る。本書でもその怒りっぷりが活写されていて下世話に面白いのだが、この人は本気で「自分にとって心地よい情報は正しく、不愉快な情報は誤っているのだ」と思い込んでいるのかしらと疑い始めると怖くなる。情報の取捨選択を感情で左右されてしまうのは、米大統領でも私みたいな何の権力もない個人でも同じなの？　人間はそれほど普遍的に弱いもの？　関根光宏、藤田美菜子ほか訳。

個人は情報選択を間違っても世界に損害を与える気遣いはないけれど、自分の人生を破壊してしまう危険はある。そこで『その情報、本当ですか？』を。ジュニア向けではあるが、現場の実体験をもとに報道の仕組みを解説して充分に読み応えがある。こちらの著者は「クローズアップ現代」などを手がけた元テレビマンだ。

原題：FIRE AND FURY　『炎と怒り』早川書房
『その情報、本当ですか？』岩波ジュニア新書

『職場のハラスメント　なぜ起こり、どう対処すべきか』　4月15日付

大和田敢太

被害者の視点が出発点

ハラスメントという言葉はすっかり日常語として定着した。上下関係のなかでも、親しい仲間同士であっても、冗談や笑い話で済まされない言動はしっかり抑制されるべきだという認識を普及させた点では、「○○ハラ」という表現には充分な社会的意義があった。しかし、そうした礼節や気遣いのレベルでは解決できない深刻なハラスメントの厄介な点は、「どこから」「どのようであれば」それが具体的に対処（もしくは処罰）されるべき事案になるのかという線引きの難しさにある。

従来のハラスメント問題解説本では、この線引きをもっぱら加害側からのベクトルで行ってきた。ハラスメント行為なので、その発生を抑止するには「かくかくしかじかがハラスメント行為なので、その発生を抑止するにはどんなルール作りをするべきか」ということに焦点をあててきたのだ。

4月15日付

だが本書の特色は、開巻早々に、筆者が相談活動に携わった経験を踏まえ、「職場のいじめの被害者は、自分の直面している出来事が、個人的な悩み事なのかどうか、人権侵害である『ハラスメント』に該当するのかどうかという判断で、まず戸惑い苦しんでいる」と明快に記して、「被害側にとってのハラスメントの定義」を出発点にしていることだ。

よく言われる「あなたがハラスメントだと感じたら、それはハラスメントなのだ」という定義づけは、一見誠実で厳格に聞こえるけれど、実はこの問題と正しく向き合った考え方ではない。人は（よほど他罰的な心性の持ち主でない限り）いじめや嫌がらせを受けて傷つくと、自分が周囲の人間関係の和を乱しているのではないか、攻撃されるのは自分に原因や非があるのではないかという不安に苦しみ、だからこそ軽々には「被害」を訴えられないのだから。本書は従来ほとんどすくい上げられることのなかったこの出発点での混乱と逡巡（しゅんじゅん）に光をあて、豊富な実例や判例を紹介しつつ、職場のハラスメントの現状をわかりやすく分析し、解決への道を提言している。

中公新書

4月29日付

『鯉のぼり図鑑　おもしろそうに　およいでる』

日本鯉のぼり協会編　林　直輝文

多種多様な鯉のぼりの大行進

鯉（こい）のぼりの事始めは江戸時代中期。男の子の健やかな成長を祈って立てる幟（のぼり）に「鯉の滝登り」の絵柄を描いたものがルーツだ。

本書ではまず近世から現代まで続く鯉のぼりの歴史を概観し、「手描き」「本染め」「手捺染（てなっせん）」によるその制作過程を解説。鯉のぼりは今も多くの部分が職人さんの手による繊細な工芸品なのだ。玩具ではなく縁起物なので、伊勢神宮などの寺社で授与品とされているものもある。豊富に掲載されている画像は、文化遺産的な風格漂うものからポップなデザイン化の進んだものまで、多種多様な鯉のぼりの大行進だ。背中に金太郎を乗せていたり、広告がついていたり、広島カープの球団グッズ（納得！）もある。岡本太郎デザインの「太郎鯉」は奇抜で楽しい。来たる東京オリンピックの年には、五輪マーク入りの鯉のぼりの登場が期待できるかなあ。

岡本太郎デザインの「太郎鯉」
『鯉のぼり図鑑』より

小学館

5月13日付

『乗客ナンバー23の消失』

セバスチャン・フィツェック

独ミステリーの最高峰

海外ミステリーがお好きな方なら、二〇〇七年にこの著者が『治療島』をひっさげて本邦へ初上陸したときの驚きをご記憶だろう。スウェーデン作家スティーグ・ラーソンの『ミレニアム』シリーズが大ヒットして、英米作品中心だった海外ミステリーの翻訳事情が変わり始めたところだった。ただ、スウェーデンはもともと古典的名作『刑事マルティン・ベック』シリーズを生み出したミステリー大国だし、北欧諸国では多彩な作家がバラエティ豊かな作品を書いており、それらが次々と邦訳されることで北欧ミステリー人気を盤石なものにし得たのに対して、ドイツ産ミステリーは当時ほぼ初見の上、フィツェックの孤軍奮闘。近年まで二〇一二年の『アイ・コレクター』などの続刊はあっても、話題性には乏しくなっていた。

しかし邦訳が切れていただけで、フィツェックはバリバリ書いていたのだ。本書は「ドイツ・ミステリー界の寵児(ちょうじ)」である彼の現時点での最高傑作と評される長編だ。大西洋を横断する豪華客船「海のスルタン」号で、母親と共に忽然(こつぜん)と姿を消した少女アヌークが、その二ヶ月後に再び船内に現れる。スルタン号では五年前、ドイツ警察の捜査官マルティン・シュヴァルツの妻ナージャと息子ティムもまたクルージング中に消えており、アヌークは現れたときティムのテディベアを持っていた。妻子の身に何が起きたのか突き止めるため、マルティンは単身この呪われた豪華客船に乗り込む。一つの町ほどの規模があり、何でも揃っている船内に、警察組織だけは存在しない。いくつもの悪意と欲望が交錯するなかで、孤立無援のマルティンは謎を解けるのか。

ほんの数行で展開が変わるジェットコースター・スリラーなので、目を離してはいけません。著者の謝辞のページで読むのをやめてもいけません。この二点だけ、どうぞご注意を。酒寄進一訳。　原題：PASSAGIER 23　文春文庫

5月20日付

『大人の恐竜図鑑』

北村雄一

恐竜たちのイラストたっぷり

全国のおじいちゃんおばあちゃんお父さんお母さんおじさんおばさんお兄さんお姉さん、恐竜はお好きですか。子どもさんやお孫さん、小さな弟君妹ちゃんを抜きにしても、夏休みの「大恐竜展」を（前売り券買って二時間並んで）観てしまうほどに？

本書はそんなおじいちゃんおばあちゃんお父さんお母さんおじさんおばさんお兄さんお姉さんたちのための図鑑です。恐竜研究の最先端の知見を紹介、モノクロながら多種類の恐竜たちのイラストもたっぷり。たとえば一九八ページの「海に着水したプテラノドン」。プテラ君たちがこんなふうに立ち泳ぎができたかどうかはまだ判らないのですが、他の翼竜は泳いだ痕跡のある化石が見つかっているのだそうです。となると映画『ジュラシック・ワールド』の翼竜大襲来のシーンも、本当はさらに恐ろしいものになり得たのかもしれません。

全五章、恐竜時代の夜明けから滅亡までを見渡し、日本で発見された最古の魚竜のトピックや、「結局アパトサウルスなのか、ブロントサウルスでいいのか」問題など盛りだくさん。楽しいですよ！

ちくま新書

5月27日付

『時代を語る　林忠彦の仕事』

林　忠彦写真　林　義勝監修

雄弁な現代史の記録者

銀座のバーのスツールの上であぐらをかき、はにかんだような笑みを浮かべて誰かと語らう――あの有名な太宰治の姿を撮ったカメラマンが林忠彦である。左の写真は一九三ページ、同じバーでくつろぐ織田作之助だ。茶目っぽい笑顔から、撮影者への親しみが伝わってくる。本書の第四章「文士の時代」には戦後文壇を彩ったスター作家の肖像がまとめられていて、ページをめくると胸が躍ります。

太宰の写真があまりにも印象的なので、林忠彦といえば肖像写真の専門家のように思い込んでいたのだけれど、本書でその仕事を一望し、大いに認識を改めた。レンズを通した繊細で雄弁な現代史の記録者だったのだ。第一章「戦中のドキュメント」、第二章「戦後日本の歩み」のモノクロ写真に写る人びとの表情の豊かさ、若者の瞳の涼やかさ。

第六章「物語る風景」の一枚一枚が切り取るこの国の自然の静謐さ、神々しさ。見応え充分の一冊だ。

光村推古書院

小説家の織田作之助
『時代を語る　林忠彦の仕事』より

『人間の偏見 動物の言い分 動物の「イメージ」を科学する』 6月10日付

高槻成紀

パンダはなぜ人気者なのか

本書を読んだ後、アニメ映画『ズートピア』に登場する動物キャラクターのうち、実物を見たことがあるもの、触ったことがあるものが何種類いるか数えてみたら、私の生活はまさに著者が書いているとおり「存在感があるのはペットだけ」の都市生活者のものだと身にしみてしまった。

その外見や生態が情報として「知られる」動物たちは、ほとんどのヒトにとって実体ではなくイメージの存在だ。神話や伝説、ファンタジー小説のなかのキャラクター付けされた動物たちも、イメージの集合体である。そのイメージ＝「想像と解釈」はどこから生まれてきたのだろう? パンダはなぜ人気者なのか。ヘビはなぜ気味が悪いのか。タヌキやキツネが「化かす」のはなぜか。

様々なイメージは、ヒトと野生動物や家畜との関わり合いの歴史に根ざしている。ではヒトの未来には、また新たなイメージを生んだり、共有することができるほど豊かな動物たちとの関わりがあり得るだろうか。そんな関わりを維持してゆくにはどうしたらいいのだろう。ぜひ著者の考察に触れてみてください。

イースト・プレス

『週刊文春「シネマチャート」全記録』

6月24日付

週刊文春 編

映画談議を促す一冊

週刊文春の「シネマチャート」は、一九七七年に始まった映画評だ。毎週、複数の評者が新作映画に☆をつけて評価する（満点は二〇〇三年までは☆三つ、以降は☆五つ）。四十年間で四千本を超える映画に、二十九人の評者がつけたこの星取表を集計し、洋画のベスト二〇〇、邦画のベスト五〇を選出してみたらどうなるか。それが本書である。

評価の定まらない近作は不利で、古い名画にアドバンテージがある「オールタイムベストテン」アンケートなどとは違い、過去四十年内の作品が完全に同列で競っているところがまずユニークだ。それでも上位に食い込む二十世紀の名画もあれば、近年のヒット作やオスカー受賞作の健闘もある。同点・同順位の作品が多いので、ランキングとしては大らかだけど、その分「これとこれが同点？」という意外性を楽しめるのもいい。

ページをめくる前に、自分のベストテンを予想しておくのをお勧めします。

歴代の評者の顔ぶれには、四十年の時の流れが映っている。池波正太郎に田中小実昌、立川談志の名前が懐かしい。毎週新作を観て評を書くのは、映画好きには羨ましい仕事のように見えるけれど、いつでも楽しいばかりではないはずだ。長く評者を務めている中野翠さんと芝山幹郎さんがこのランキングを見渡し、多くの作品や監督について語りつつ、「疲れるけど飽きない」「映画は最高ですよ。それだけに、つまらない映画を観ると激しい怒りに駆られてしまうんです」なんて本音もぽろり。お疲れ様でございます。

個人的には、同点一位が十作ある洋画はともかく（この十作が見事にてんでんばらばらで面白い）、邦画の一位には驚いた。う〜ん、そうなのか。今現在の私の一位は『アウトレイジ 最終章』なのですが。あと、リメイク版の『十三人の刺客』はどこに入ってる？ という感じで、本書を挟んで誰かと映画談議したくなること請け合いであります。

文春新書／品切れ

7月8日付

『国宝の解剖図鑑』

佐藤晃子

所蔵場所や公開期間の情報もある親切ガイド

今年の夏休みは本書を参考に、国宝巡りに出かけてはいかがでしょう。この『解剖図鑑』はシリーズで「神社」「仏像とお寺」「建築デザイン」などとあって、本書が最新刊。工芸品や絵画彫刻、建造物から歴史資料まで幅広く著名な国宝を紹介してあり、わかりやすい解説と詳細なイラストが特徴です。美術品や仏像には、所蔵場所や公開期間の情報もついている親切ガイド。まず巻頭の「国宝の基礎知識」を頭に入れたら、あとは自由に興味のあるものから読んでいくのも楽し。二つのコラム「やきものの見かた」「絵の見かた」もいい予習になります。

左のイラストは八九ページ掲載の阿修羅(あしゅら)像。奈良・興福寺にあるこの凜々(りり)しくてミステリアスな仏像の「正面の顔が悲しげ」なのは何故(なぜ)なのか。近年、都内で特別展示されたことがありますが、期間中は連日大混雑！　長時間待ちが当たり前で、泣く泣く諦めた私。奈良まで行きたくなってきました。

エクスナレッジ

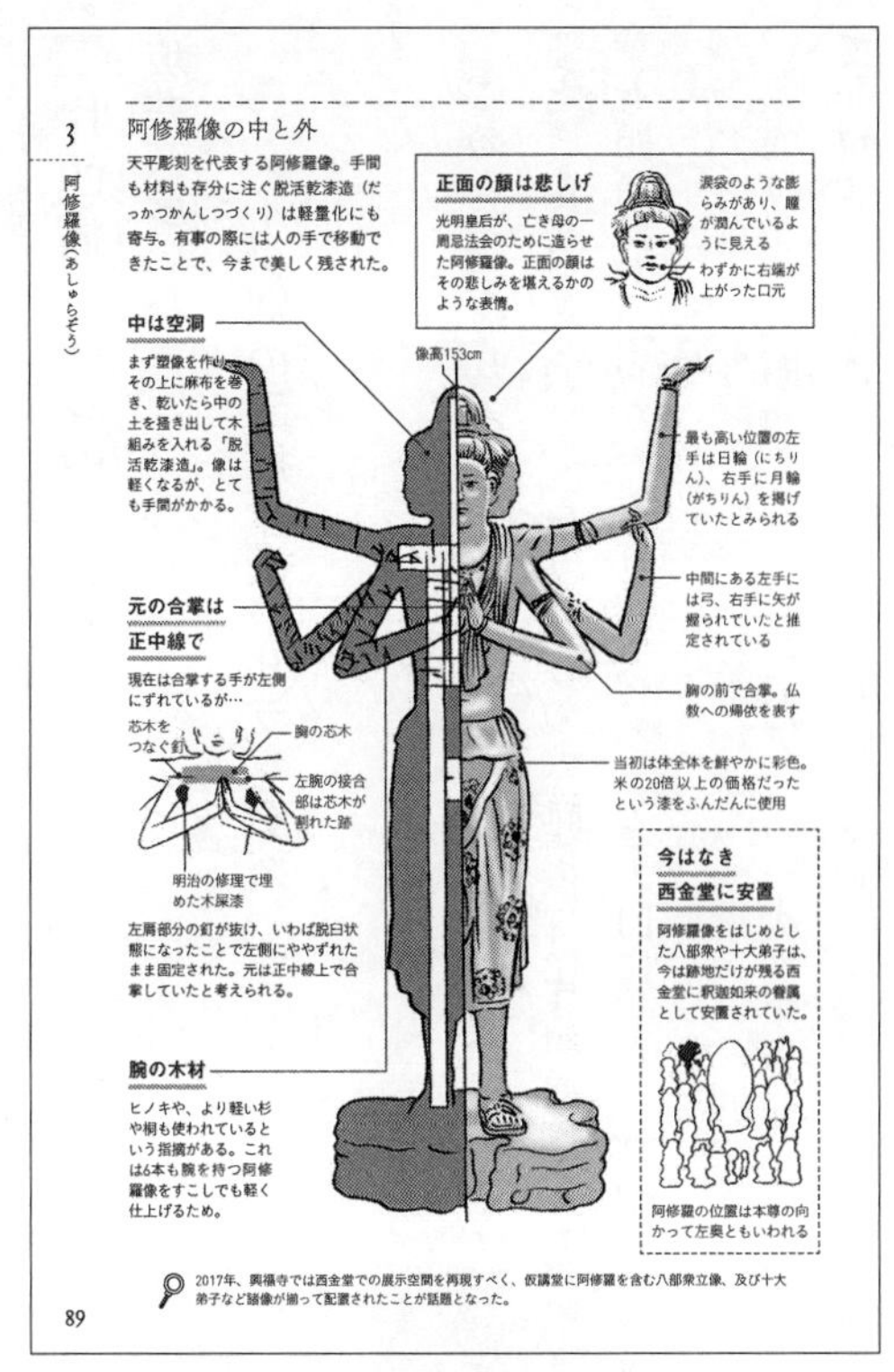

阿修羅像
『国宝の解剖図鑑』より

『「片頭痛」からの卒業』

7月22日付

タイプ別の頭痛体操でリラックス

坂井文彦

このごろ、疲れるとすぐ頭痛がする。寝込むほどひどくはないが嫌だなあと思っているとき本書に出会い、「アメリカの大統領には片頭痛持ちが多い」「芥川龍之介や樋口一葉も頭痛持ちだった」などのトピックを入口に、わかりやすい解説で基礎知識を得ることができた。

頭痛はまず「頭痛そのものが病気」の一次性頭痛と、他に病気があってその症状として発現する二次性頭痛に分けられる。タイトルの「片頭痛」と「緊張型頭痛」「群発頭痛」の合わせて三大慢性頭痛で、発生のメカニズムも経過も対処法もそれぞれ異なるけれど、ストレスと頭痛薬の多用はどのタイプの頭痛にもよくない。

日本では一九九七年に片頭痛について大規模な疫学調査が行われており、その結果、

「片頭痛になりやすい人となりにくい人の分布は、縄文人と弥生人の分布に一致するかもしれない」という興味深い仮説が提示されているという。本書でまず自己診断チェック、イラストを見ながらタイプ別の頭痛体操でリラックスして、人類と頭痛の長い歴史に思いを馳せてみるのも面白い。

講談社現代新書

『SILENT WORLD 消えゆく世界の美しい廃墟』 7月29日付

山田悠人

現代アートのような美しさ

廃墟（はいきょ）を題材にした写真集は珍しくないが、本書の特徴は「美しい」。うち捨てられた建物のなかに差し込む日差しが作り出す陰影や、様々なデザインの窓枠とそこにはめ込まれたガラスの明るさ、壁や廊下に残された色とりどりのポップな落書き、干からびたプールの底のライン。最初からそう創りあげられた現代アートのように鑑賞することもできてしまう。左の写真は軍事施設の一室だが、天窓と床のモザイクタイルの（描きかけの）絵の組み合わせが謎めいてシュールだ。

ただ一つだけ例外がある。著者の活動拠点がベルリンなので、本書に取り上げられている廃墟の多くはドイツ国内とその周辺のもの。だから歴史の暗部も登場する。ザクセンハウゼン強制収容所から囚人たちが徒歩で通わされていたというパン工場の、床に並べられた数組の革靴が恐ろしい。

パイインターナショナル

『SILENT WORLD』より

8月26日付

『凡人の怪談　不思議がひょんと現れて』

工藤美代子

恐怖と笑いは紙一重

怪談の肝（きも）は語り口にある。

これは小説だけではなく、実話怪談や怪異を扱ったエッセイでも同じだ。いや、むしろ小説ではない方が、書き手の文体や言葉選びで、その怪異の怖さや不思議さ、切なさやほのかなユーモアの味わい──つまりその怪談の旨味（うまみ）に大きな差がついてくる。実話は創作と違って明快な起承転結がないし、怪異の正体や因果がはっきりわからない＝謎解きがないことも多いので、出来事の経緯を描く文章に味がないと、何か中途半端だなあという消化不良感が残ってしまいがちなのだ。

また実際に起こった出来事を書く場合は、それが書き手の体験談であるか、第三者から聞いた話であるかで、その怪異との距離感が変わってくる。この距離の計り方が上手な人の手にかかると、「ホテルの客室に幽霊（らしきもの）が出た」とか、「不動産探しで事故物件に当たったらとても怖い思いをした」等々のありふれた話でも、まったく読み心地の違う新鮮なものになるから面白い。

本書の著者の工藤美代子さんは、語り口も怪異との距離の計り方も絶妙な怪談エッセイの名人だ。私は既刊本も愛読してきたけれど、本書では、工藤さんの亡きお父様とお母様がらみのエピソードがとりわけ心に染みた。それはたぶん、私が自分の父を看取る体験を経たからだろうと思う。「父から聞いたいくつかの怪談　その1」には、死期が近い父親と向き合ったことのある娘なら誰でも、「あの時うちの父もそうだった」と思い当たりそうな描写がある。上品な軽みと、押しつけがましくない優しさと、哀惜の念のある名文だ。一転、お母様のエピソード「お詫びのエルメス　その1」と「その2」は、「いつも腹を立てている人だった」というお母様本人も、お手伝いのヨシエさんもキャラが立っていて抱腹絶倒。まさに、恐怖と笑いは紙一重なのだと唸ってしまった。

中央公論新社／品切れ

9月2日付

『なぜ倒産　23社の破綻に学ぶ失敗の法則』

日経トップリーダー編

失敗には定石がある

先週この欄で上質の怪談エッセイをご紹介したのだが、今週の本書もある意味ではもっともリアルな怪談、実際に起こった怖い話を集めた一冊だ。「23社の破綻に学ぶ失敗の法則」という惹句（じゃっく）に、純粋に興味を引かれる方は幸せだが、他人事ではない恐怖と切迫感を覚える方もおられるだろう。後者の読者の方にとって本書が良き参考書になれば、ケーススタディの素材の二十三社の「社霊」も、きっと安らかに成仏することができるだろう。

本書のもととなる「破綻の真相」は、二十五年以上も続いている連載企画だという。大手企業の破綻はニュースで騒がれるが、中堅・中小企業の破綻は（その業界内ではトピックである場合でも）ほとんど世に知られることがないまま起きて、ひっそりと収束する。私自身、目次で「長崎出版」と「平和堂貿易」の社名を見つけ、「え、倒産してたんだ！」と驚いてしまった。そういえば、いつの間にか広告とか見かけなくなっていたなあ、と。

本書は全三章構成、「第1章　急成長には落とし穴がある」「第2章　ビジネスモデルが陳腐化したときの分かれ道」「第3章　リスク管理の甘さはいつでも命取りになる」。さらにそのなかに十一ヵ条の「破綻の定石」があり、これがまた具体的でわかりやすくて面白い——などと言っては不真面目なようで申し訳ないのだけれど、経済ミステリーの短編集を読んでいるみたいにスリリングなのである。

「脚光を浴びるも、内実が伴わない」
「幸運なヒットが、災いを呼ぶ」
「起死回生を狙った一手が、仇（あだ）に」
「現場を統率しきれない」

企業だけではなく、どんな組織にも教訓となりそうな一文が並んでいる。成功には定石がないが、失敗には定石がある。「成功はアートだが、失敗はサイエンス」という金言も、胸に突き刺さるではありませんか。

日経BP社

9月9日付

『60歳からも犬や猫と幸せにくらす本』
犬と猫とシニアのくらしを考える会

先々の不安が頭をよぎる方々に

一昨年、二十歳近くまで長生きしてくれた茶トラ猫を亡くし、しばらく泣き暮らした後、よく似た顔と毛並みの子猫に出会って飼い始めた。そのとき、このコも前の茶トラと同じように長命であって欲しいけれど、そうなったら私もニア八十代なのだ、ちゃんと世話してあげられるだろうかと一瞬だけ躊躇（ちゅうちょ）した。

同様の理由で、シニアライフを豊かにしてくれるであろうペットを飼うことに踏み切れずにいる、あるいは既にペットと「老々共暮らし」の状態にあり、先々の不安が頭をよぎる、そんな方々に本書をお勧めしたい。どんなペットを選ぶか（犬、猫、ウサギやハムスターなどの小動物）、ペットのしつけ、注意しなければならない病気などの基本的なことから、「ペットを手放す判断」「ペットと一緒にホームに入れるか」「自分が入院するときペットはどうしたらいい？」などの疑問へのアドバイスが具体的にまとめられている。シニアとペットの問題を主に扱った本はありそうでなかったから、本書は貴重だ。ねこまきさんのイラストと書き下ろしマンガも愛らしくてたまらないのです。

ＫＡＤＯＫＡＷＡ／品切れ

9月16日付

『骨を弔う』

宇佐美まこと

一気読みお勧めの正攻法ミステリー

仲良しの小学生グループが、学校の理科準備室にあった骨格標本を山のなかに埋めた。この手間のかかる悪戯（いたずら）には、威張りくさった担任教師にひと泡吹かせてやるという痛快なウラがあった。それから三十年後、土中から古い骨格標本が掘り出され、地方紙に「人騒がせなバラバラ事件だ」という小さな記事が載る。それを見たかつての仲良しグループの一人、家具職人の本多豊は、記憶にある場所とその発掘現場が異なることに戸惑い、「自分たちが埋めたのは、本当にただの骨格標本だったのだろうか」という疑念をも抱くようになる——

開巻、これがつかみと謎の提示だ。著者はホラーの書き手でもあるので、正攻法のミステリーの本書でも、生者に取り憑（つ）く「過去という幽霊」の描き方が巧（うま）い。大人になって仕事や家庭を持ち、それぞれの人生を歩んでいるかつての仲間たちだが、その生活にも幸不幸があり、秘密もあれば悩みもある。中盤までそのあたりをじっくり読ませてから、終盤の解明へと引っ張ってゆく手つきも確かだ。できるだけ事前情報を入れずに、一気読みをお勧めしたい。

小学館文庫

10月21日付

『人さらい』
翔田　寛

誘拐もの＋骨太の地方警察小説

我が国のなかでは、身代金目的の誘拐という凶悪犯罪はかなり希（まれ）になった。これが社会にとって喜ばしいことであるのはもちろんなのだが、架空の事件を書くミステリー作家には、リアリティのある「誘拐もの」を創り出すのが難しくなってきた。

そんな時代に、（人聞きが悪いようだが）今「誘拐」作家と言えばこの人である。出世作は江戸川乱歩賞受賞作のそのものずばり『誘拐児』。近年ではドラマ化もされた秀作『真犯人』で、誘拐ものプラス骨太の地方警察小説の世界をがっちりと固めてみせた。本書はその続編的な作品だが、作中の静岡県警が総力をあげて捜査しながらまたこんなことに……と心を痛める以外は別々の事件なので、続けて読むのもお勧めです。

小学四年生の女児をさらい、一億円を要求する誘拐犯。その指示のままに母親が身代金を運ぶが、事件は無残な展開に。県警の日下悟警部補は、犯人の行動の裏に、金銭欲以外の動機が隠されているのではないかと考える。誘拐ものには昭和の匂いがするけれど、本書は平成最後の秋の夜長にぴったりだ。

小学館

11月18日付

『死者の雨　モヘンジョダロの墓標』
周木　律

分厚い蘊蓄と豪快な謎解きを楽しむ

完全記憶能力を持つ天才数学者・一石豊が探偵役の大がかりな歴史ミステリーの第二作。前作ではノアの方舟伝説を追ってアララト山に登った一石と女性カメラマン・森園アリスだが、本書はアリスが人工知能学者のヒュウガ博士にポートレイト撮影を依頼され、研究室があるパキスタンのモヘンジョダロへ向かうところから始まる。現地に着いてみると、博士は数日前に急死していた。その死の状況は不穏かつ不可解、さらに博士の住所録に名前のあった四人の科学者が、ほぼ同時期にやはり不可解な急死を遂げていることが判明する――。

冒頭から「世界遺産紀行」的な旅情に溢れ、一石の語る歴史・人類史・宗教史等何でもこいの蘊蓄も楽しい。「蘊蓄はさておき、知るべきは事件の情報だ」とアリスは言うけれど、この種のミステリーは蘊蓄が分厚いほど読み応えがあるのだ。謎解きは豪快なアクロバットでひととき浮世の憂さを忘れさせてくれるし、要所の会話や風景描写が練れてくれれば、雄大な謎設定と一石のキャラクターもいっそう活きてくるだろう。今後が楽しみなシリーズだ。

新潮社

『ベートーヴェン捏造　名プロデューサーは嘘をつく』　11月25日付

かげはら史帆

秘書が「盛った」楽聖像

晩年のベートーヴェンには、音楽活動や日常のあれこれをサポートしてくれる秘書がいた。アントン・シンドラーという（現在の）チェコ生まれのこの青年はベートーヴェンを崇拝・敬愛し、無給でとことん尽くして世話をした。その結果、ベートーヴェン没後のシンドラーは、楽聖の人となりをもっとも親しく具体的に知る人物となり、当然の義務（もしくは権利）のように『ベートーヴェン伝』を著して、これは世界中でベストセラーやロングセラーになった。

しかし、シンドラーの書いたベートーヴェンの伝記には、何となくうさんくさいところがあった。「楽聖」ベートーヴェンを美化し、彼に仕える自分自身の存在を大きくし、返す刀でベートーヴェンの家族や他の側近たちのことはあしざまに扱っている。今風に言うなら、自分に都合のいいように話を「盛って」いるのである。

さて、聴力を失ったベートーヴェンは、家族や友人たちとコミュニケーションするために、筆談用のノートを用いていた。「会話帳」と呼ばれるこれらのノートは、今日、百三十九冊が現存している。ベートーヴェンの創作の秘密や人柄、芸術観や音楽観を知るための最重要の一級資料だ。

シンドラーはこの会話帳にも改竄(かいざん)を行っていた。もちろん、自分に利があるように。あるいは、楽聖の言動がよりドラマチックになるように。たとえば『交響曲第五番 運命』のあのジャジャジャジャーンというモチーフについて、ベートーヴェンが「運命はかくの如(ごと)く扉を叩(たた)く」と言ったというエピソードは、シンドラーが会話帳の記述をもとにして書いたという伝記の他にソースはないのだという。

音楽史の研究家や熱心なクラシック・ファンの間では、このシンドラーのリストなら ぬシンドラーの捏造は非常に有名な事実なのだそうだ。私は本書を読むまで全く知らなかった。ぜひ、この驚きを分かち合いたい。徹夜本です。

柏書房

12月2日付

『ペットと葬式　日本人の供養心をさぐる』

鵜飼秀徳

供養の底にある死生観

映画『ポルターガイスト』（一九八二年）は、（すみませんネタバレします）墓地を潰して開発された住宅地に住んでしまった家族が心霊現象に脅かされるお話だ。序盤に、一家のペットの小鳥が死んでしまい、死骸をトイレに流そうとした母親が、幼い娘にその場を見つけられてバツが悪くなり、きちんと葬る——というシーンがある。後に一家を襲う恐怖の心霊現象が、ないがしろにされた死者たちの怒りによるものだというストーリー展開に照らせば、これはなかなか含みのあるシーンだ。もしも子供の目を憚らず、トイレに流されても、小鳥の死霊は怒らなかっただろうか。人間と違って魂がない生き物だから大丈夫？　そんな線引きはどこにあるのだろう。

本書は『寺院消滅』や『無葬社会』等の著作を通し、現代の日本人にとっての「死者を供養する」意味（とその変化・変質）を考えてきた著者が、では供養の対象が人間以外のものである場合はどうなのか、その背景にはどんな心模様があるのかを論考したものである。様々な供養の現場が豊富に取材されており、堅苦しさは皆無の文章なので、主体的にペットを飼っている大人の読者の方々だけでなく、ぜひ中高生の皆さんにもお勧めしたい。

供養というものは、そうしたい・そうせねばならないというはっきりした意思＝思想がなければできない行為だ（まさしく小鳥の死骸をトイレに流すように、やらなければやらないで済んでしまう）。その根底にある動機としての「死生観」を学ぶのに、本書は素晴らしい導入の一冊となるだろう。

私たち日本人が供養しているのは、可愛いペットの犬猫小動物だけではない。クジラやうなぎ、マグロなどの魚介や、シロアリ・ハエなどの不愉快な害虫、草木サボテンも供養の対象だし、ロボット犬の葬儀だってある。そうそう、『南極物語』のタロとジロがどのように慰霊されたのかも、本書を読めばわかります。

朝日新書

◎2018年を振り返って

少し書き慣れてきて、個人的に好きな恐竜やペットの本を選ぶ余裕が出てきました

2019年におすすめした本

1月13日付

『不意撃ち』

辻原 登

日常の見方変える短編

五篇を収録した短編集。タイトルどおりの「え！」という展開や結びで驚かせてくれる上に、読後しばらくのあいだ、読む者の日常の見方を変えてしまう力を持った五つの作品だ。悪意の怖さ、愛の優しさ、偶然の皮肉、運命の裏切り。不穏なお話が続く短編集でありながら、読後感はけっして悪くない。

巻頭の「渡鹿野（わたかの）」は、この地名をご存じの方には内容がピンとくるかもしれない。でも、お話はそのピンときた方向には収まらない。風俗小説のふりをして始まるこの短編を、私は（誤読だろうけれども）心霊ものとして読んだ。主人公が追いかけている風俗嬢ルミは、ある時点からこの世の人ではなくなっているのだ、と。だからあのラストがある。それだと主人公が付き合った女は誰なのか訝（いぶか）しい？　でも、そういう読み方も許してくれる謎小説なのだ。

続く「仮面」と「いかなる因果にて」は犯罪小説である。「出番が来たんちがう?」という台詞の悪辣(あくらつ)(かつ切実)な意味がだんだんわかってくる「仮面」の結末を痛ましいと感じるのは、善いこともすれば悪いこともする人間の無力さが悲しいからだ。「いかなる因果にて」は異色の逸品で、二〇〇八年に発生した元厚生省事務次官らが殺傷された事件から書き起こし、著者の思い出話を交錯させつつ、ノンフィクション風の筆致で、人生が押しつけてくる理不尽について静謐に綴ってゆく。

「Delusion」は帰還した女性宇宙飛行士が獲得してしまった予知幻覚を扱ってSF風味、「月も隈(くま)なきは」は生活を変えたい熱に憑かれた定年サラリーマンのお話で、どちらもかすかなカタストロフの気配をはらみつつ、はっとするような明るいところに着地する。題材だけを見るならサスペンスものになるのだろうが、そうしたジャンル分けなど本書の前では意味がない。新しい年の初めに、これこそが小説を読む喜びだとただ嚙みしめるばかりである。

河出書房新社

『語り継ぐいのちの俳句　3・11以後のまなざし』

2月3日付

高野ムツオ

大災害を「写実」する

昨年、著者の高野ムツオさんとお話しする機会に恵まれた際、俳句のスタートは「写実」であり、目指すゴールもまた「写実」だという言葉を聞かせていただいた。見たまま、聴いたまま、感じたままを十七文字で表す俳句の世界はシンプルでいて奥深く、思い立ったら誰でもすぐに創作を始めることができる身近な文芸である。しかし、その「見て聴いて感じる」日常が、未曽有の大災害によって破壊されてしまったときにはどうすればいい？　俳人は何を見て何を聴き、何を心の拠り所(よりどころ)にして詠句し得るのだろうか。

本書には、「二百メートル手前まで津波が来た」宮城県在住の高野さんが東日本大震災後の日常を詠んだ「震災詠一〇〇句」の自解を中心に、あの震災に直面した多くの詠み人たちの作品が紹介されている。胸を突かれ、心に残る句を挙げていけばきりがない。

春の海髪一本も見つからぬ

瓦礫（がれき）がれきあまりに白し夏の雲
開くたび墓標が見える揚花火
津波より残りし島の芽吹かな

俳句はもともと、「時や場を共有している限られた人々の、限られた時空で成立してきた」。そして「肩書も財もない庶民の詩であった」。それゆえに、この大災害のなかからも多くの言葉を抽出し得たのである。

震災当日は仙台駅にいた高野さんは、自宅まで約十三キロの道程を歩いて帰る間にこんな句を詠んだ。

地震の闇百足（むかで）となりて歩むべし

「俳句を作ることで不安を振り払っていた」けれど、津波に押し流されひっくり返った何台もの車を見たら、「頭から俳句はすっかり吹っ飛んでいました」。それでも、この句はその夜の暗さと恐ろしさを封じ込めたまま毅然（きぜん）としてここにある。

豊かな四季と自然の美に恵まれ、だからこそと言うにはあまりにも辛いほど自然災害の多い我が国に、世界でもっとも短い詩形が広く愛好されていることの意味を嚙みしめながらページを繰った。

朔出版

『死ぬまでに一度は訪ねたい東京の文学館』

2月10日付

増山かおり

東京だけで六十館もの文学館が

驚きである。ゾーンを「東京」に限っても、何と六十館もの文学館が存在するのだ。「死ぬまでに」なんて呑気(のんき)なことを言わず、本書を携えてすぐにも出かけなくては巡りきれないだろう。

本書は文豪の記念館に限らず、漫画やアニメ、映画や演劇まで幅広くカバーしており、写真も豊富なので、ページを繰っているだけでも充分に楽しい。でも、左の写真の「藤子・F・不二雄ミュージアム」のように、実際に訪ねてみないと発見できない仕掛けのあるところや、「国立映画アーカイブ」のように、そこで上映される作品を観ることにいっそうの興趣があるところもあって、やっぱり出不精はいけませんね。ショップでグッズを買ったり、カフェのメニューも満喫したい。

行ったことのある場所を数えてみたらたった十ヵ所だった私は、まずは閑静な「林芙美子記念館」（新宿区）から訪ねてみよう。

エクスナレッジ

川崎市 藤子・F・不二雄ミュージアム
『死ぬまでに一度は訪ねたい東京の文学館』より

2月24日付

『人を動かす「色」の科学』

松本英恵

色彩のマジカルな効果

日本人は平均して一人あたり三・五個の銀行口座を持っているとか。お手元に通帳があったら、ちょっと見てみてください。何色ですか？　ちなみに三大メガバンクのコーポレイトカラーは赤と青と緑。赤は「情熱や活力」、青は「信頼や誠実さ」、緑は「調和や成長」を表す色なので、銀行にはふさわしい色合いだし、他にも多くの企業や組織で使用されている――というような色彩に関する豆知識がいっぱいの本書の著者はカラーコンサルタント。「似合う色」「売れる色」「心をつかむ色とデザイン」を操るプロだ。日常に溢れる色彩のマジカルな効果には、科学的な裏付けと、それをもとにした創意工夫がある。もう一つ例をあげるなら、七六ページ。

「1年で2億ドルを稼ぎ出したＧｏｏｇｌｅの青とは？」

これはGoogleが自社のビッグデータを分析して『利用者のクリック数を最大化できる最高の青色」を突き止め、テキストリンクの表示に使ったら、広告収入が一年で二億ドル増えたというお話。ユーザーは、テキストリンクの色によって、クリックやタップの確率が変わるのだそうです。私らいいように操られてンだなあと思う半面、確かに、検索で表示されるテキストリンクが赤色や黄色だったら、「何かまずいのかな」と一瞬クリックをためらってしまうかも――と納得。人は、自分で意識している以上に「色」に左右されているのです。

ビジネスの場で役立ちそうなトピックが多いなか、第4章「自分やチームを成功に導く『色の法則』」で、「秘密戦隊ゴレンジャー」などの戦隊もののメンバーのカラー分けの法則と、個々のカラーが象徴するキャラクターや役割分担の変遷について分析しているパートが、ぐっと異色で興味深い。戦隊ものだけでなく、特撮ものというジャンル全体を「色の法則」で分析したらどうなるのか、ぜひ試みていただけませんか。今、正義の色は何色なんでしょう。

サイエンス・アイ新書

3月3日付

『種の起源』チョン・ユジョン
『あの子はもういない』イ・ドゥオン

韓国文芸界の新たな波

ポン・ジュノ監督の『殺人の追憶』から韓流ミステリー映画にはまった。次々と観れば観るほどとりこになり、仕事の上でも影響を受けてきた。これは私だけの話ではないはずである。

その一方、我が国からは多種多様なミステリー小説が翻訳されて輸出され、韓国で読んでもらえるという嬉しい状況になって久しいのに、あんなに凄いミステリー映画を生み出す韓国のミステリー小説は我が国で紹介されることがなかった。これは何故ですかという問いかけにこの間までは、

「韓国では文芸出版物は純文学が中心で、国産のミステリーやSFなどのエンタテイメント小説はあまり世に出ることがない」

と、意外で残念なお返事をいただいてきた。

しかし今ようやく、これまでの韓国文芸界の流れをくつがえす大きなエンタテイメント小説の波が起きている。この波の中心にいるのが若手の女性作家だというのは、我が国でも平成時代のエンタテイメント小説界で女性作家たちが活躍し、市場を広げ、作品世界を豊かにしてきたことと重なり合うようで、いっそう喜ばしい。『種の起源』の著者チョン・ユジョンさんは、「韓国のスティーヴン・キング」と呼ばれているのだそうだ。主人公のハン・ユジンは二十五歳の法学部生。ある朝、血の臭いで目覚めると、自分は全身血だらけで、家のなかには母の死体があるのを発見する――というのが物語のつかみである。カン・バンファ訳。『あの子はもういない』の中心人物は落ちぶれた元芸能人の両親を持つ若い姉妹で、殺人の容疑を受けたまま失踪した妹の住まいを訪ねた姉は、室内に仕掛けられた数々の監視カメラに戦慄(せんりつ)する。妹の身に何が起こったのか。こちらの帯には「Kスリラー」の惹句が光る。二作とも、家族関係の歪みを核にした緊迫のサスペンスで、濃厚な闇に呑(の)まれるような展開の先に、おお、そうくるかと震えてしまうラストが待ち受けています。小西直子訳。

『種の起源』ハヤカワ・ポケット・ミステリ　『あの子はもういない』文藝春秋

3月10日付

『かっぱのねね子　こうの史代小品集』

こうの史代

それでもこの世の善きものを掬いとって描く

かっぱのねね子はすぐに「いやだよう」と暴れてしまう悪い子。頭に「いいこと」をたくさんしないと取れない「よいこ草」がくっついてしまって困っているときに、人間の少女のいずみちゃんと友達になる。いずみちゃんにもワガママを言いながら、人間の世界でいろいろな経験をしてゆくねね子。二人の愉快な日々を描くこうの史代さんの筆致は優しく、あたたかい。

本書は単行本未収録の短編とイラストで構成されており、ファンにとっては、数々の代表作の源流を見つけたり、アシスタント時代のこうのさんの実体験（?）らしき笑えるエピソードを知ったりと、宝箱みたいな本である。本書からこうの史代ワールドに入るという羨ましい読者の方には、この世が善意ばかりでできているわけではないことを知っている大人の作家が、それでもこの世の善きものを掬（すく）いとって描くと、こんな愛らしい少女たちになるんですよとご紹介したい。

朝日新聞出版

『かっぱのねね子　こうの史代小品集』より

『こんな家に住んできた　17人の越境者たち』

3月24日付

稲泉　連

家を語るは人生を語る

「自らの『家』について語ることは、多くの人にとって『人生』そのものを語るのと同じである」

各界で優れた仕事をしている人々にインタビューし、その住まいの歴史を語ってもらっているうちに、著者の稲泉さんはこう思ったのだという。実際、本書に収録されている十七名の談話は、語りの起点こそ「何歳のときにどこのどんな家に住んでいた」だけれど、すぐにその人の家族史や仕事史を包み込む豊かな人生行路の思い出話へと広がってゆく。単純に「ご家族のことを教えてください」「今の仕事をするきっかけは何でしたか」と訊（たず）ねただけでは、こういう美味しい実がいっぱい生（な）ったインタビュー集にはならなかっただろう。

石牟礼道子さんのお父上は、家の飼い猫（十匹以上いたそうです！）にさえ、盗み食いの「いやしか精神」はいけないと厳しく叱る方だった。台湾・台北の廣州街にあった一軒家で曽祖母、祖父母、叔父叔母など大勢とにぎやかに育った東山彰良さんは、その家の思い出を胸に直木賞受賞作『流』を書いた。昨今は外国人観光客に大人気の新宿ゴールデン街のバーのママ・佐々木美智子さんの思い出話は生地の根室から始まり、サンパウロの私設図書館「ミモザ館」へと繋がってゆく。詩人でエッセイストのアーサー・ビナードさんは、故郷ミシガン州の川の畔にあった釣り小屋のことから語り始めて、八年間住んだ池袋坂下通り商店街の近くのアパートを思い出す。高中正義さんは、プロのミュージシャンとして大活躍してバハマに移り住んでから、天気が荒れて波と風がうるさいと押し入れの中に入るが、子供のころ麻雀屋で暮らしていたときもこんなふうにしていたと語る。

人生はらせんを描き、過去の一場面を何度も通過しては味わい直しつつ上ってゆくものなのかもしれない。読後、自分の住まいの歴史を思い起こして綴ってみたくなりました。

文藝春秋／品切れ

『怖いへんないきものの絵』

3月31日付

中野京子、早川いくを
不気味で可笑しい生きものをめぐる楽しい会話

『怖い絵』の中野京子さんと『へんないきもの』の早川いくをさんが、西洋絵画に描かれている不気味で可笑(おか)しい生きものを題材に楽しくやりとりする。中野さんを先生と仰ぐ早川さんの物知りで知的好奇心旺盛な男の子的な鑑賞がユニークで、つい吹き出してしまいながらもしっかり勉強になります。

美麗なカラーで収録されている数々の名画のなかの変な生きものは、カニ、ハエ、サメ、ハチ、オオカミ、サル、タコ等々多種多様。「へんないきもの」という尺度を持ち込まず、これらの名画を普通に観るだけでは気づきにくい不思議さ、愛らしさ、面白み、謎めいた意味や深い物語性に驚かされる。中野先生はエイが大嫌いだというミニ知識もゲットできます。

早川さんがぱっと見の印象だけを頼りに絵画を語ろうという（笑）コラム〈見た目で印象派〉①のビアード作『死の力』に描かれている、不運なトラをがっちり捕らえている「精力絶倫の爺さんのような」死神は、本家『怖い絵』シリーズの名画まで合わせてもトップ5に入りそうな恐ろしさ。ぜひご覧ください。

幻冬舎

4月14日付

『ゾンビで学ぶAtoZ　来るべき終末を生き抜くために』

ポール・ルイス著　ケン・ラマグ絵

人類に襲いかかる二十六種類の災禍

アルファベットのAからZまでを頭文字に、人類に襲いかかる二十六種類の災禍をポップなイラストとポエムで解説する絵本。憂鬱(ゆううつ)な子守歌、悪夢のカタログだ。

作中のお父さんが、小惑星の衝突やゾンビの出現に怯える小さな息子ティミーの不安を和らげるために、『パパとママのための終末とゾンビについての初めての児童書』を読むという設定で、想像力豊かに描写される人類絶滅の有り様に、大人の読者の皆さんは怖がりつつも笑ってしまうことでしょう。小さな子供たちは、寝付きが悪くなってしまうかもしれないけれど。

著者の巻頭の一文からは、希望と善意ときれい事だけでは生きられないこの不安な時代に、子供たちとどんな物語を分け合えばいいのだろうと真摯に考える、ちゃんとした大人の声が聞こえてくる。その声はゾンビの呻(うめ)きよりも力強い。伊藤詔子訳。

原題：A IS FOR ASTEROIDS, Z IS FOR ZOMBIES　小鳥遊(たかなし)書房

『ゾンビで学ぶ A to Z』より

4月21日付

『インソムニア』

辻 寛之

全貌が見えたときの驚愕と戦慄

第二十二回日本ミステリー文学大賞新人賞受賞作。実力派の新人作家を送り出してきたこの賞の歴史のなかでも、本書はとびきりの力作であり、勇気ある異色作だ。

アフリカ大陸中央部の国・南ナイルランドに派遣されたPKO部隊の陸上自衛官七名。その一人は現地で銃撃を受けて死亡、帰国後さらに一人が自殺を遂げる。防衛省陸上幕僚監部衛生部でメンタルヘルス官として勤務する神谷啓介は、自身も自衛官だった兄を自殺で失っており、殉職した二等陸曹の父親の懇願を受けて、現地で何があったのか、公式発表からは切り捨てられている事実をつかもうと調査を始める。しかし、残った五人の証言はそれぞれに食い違っていた。何が彼らの身に起こり、何故に彼らはそれを隠し、苦しんでいるのか。

藪の中の出来事が少しずつ立ち現れ、ついに全貌（ぜんぼう）が見えたときの驚愕（きょうがく）と戦慄。背負うべき真実の重み。それは異文化のなかで平和維持活動を行うことの困難の重みだ。読後、私はタイトルの意味（不眠症）に納得して痛いほど膝を打った。ミステリーファンには本年必読の一冊だ。

光文社文庫

『死　文豪ノ怪談ジュニア・セレクション』

4月28日付

東雅夫編・註釈　玉川麻衣絵

憧れ映す暗黒の鏡像

この絢爛たる怪奇と恐怖のセレクションは、二〇一七年三月に第一期『夢』『獣』『恋』『呪』『霊』の全五巻が出揃い、昨年七月に第二期の『影』が、今年三月に『厠』と『死』が刊行されて第二期全三巻が完結した。八巻という末広がりの巻数になったところだし、平成から新たな元号・令和の時代にも三期、四期と続きますようにと期待を込めて、このタイミングでご紹介させていただきます。

総ルビ、懇切丁寧な注釈と著者プロフィール付きで、仕様こそ確かにジュニア向きではあるが、内容は大人の活字好きの方々をも唸らせる充実ぶりだ。芥川龍之介、泉鏡花、川端康成、太宰治、谷崎潤一郎、夏目漱石、林芙美子、火野葦平、宮沢賢治——と収録作家を列記していけば、国語の教科書？　と思うかもしれない。しかし、これらのまごうことなき文豪の作品でも、この八巻に採られているものを小中学校の国語の授業で読んだ覚えのある方はまずおられないと思う。これに内田百閒、江戸川乱歩、澁澤龍彦、日影丈吉、大坪砂男と続けば、このラインの愛好家は編者の眼差し（まなざし）の向くところに「なるほど」と膝を打つ。

小川未明、松谷みよ子という児童文学の巨星はコンセプトの核だし、『恐怖対談』というユニークな対談集があるほどの恐怖譚愛好家だった吉行淳之介、実は空飛ぶ円盤に強い興味を抱いていたという意外な一面を持つ三島由紀夫の収録作は、これまでのイメージをひるがえす新鮮な驚きを生むことだろう。ネット上で一時期「予言的な文言が含まれている」と話題になった西條八十の『トミノの地獄』をまるごと注釈付きで読めるのも嬉しい。

怪談は、人が何を求め、何に憧れ、何を夢見ているのかを、暗黒の鏡像として露わ（あらわ）に映し出す。願わくば、このセレクションを全ての学校図書室に！　柔らかな魂の成長に、必ず寄与してくれるはずである。

汐文社

5月12日付

『アメコミヒーローの倫理学 10人のスーパーヒーローによる世界を救う10の方法』

トラヴィス・スミス

表れる普遍性と国民性

二〇〇八年の『アイアンマン』から始まった「マーベル・シネマティック・ユニバース」。超能力を持ったミュータントたちの苦悩と戦いを描く『X-メン』シリーズ。バットマンやスーパーマン、ワンダーウーマンらの活躍を描く「DCエクステンデッド・ユニバース」。現状、アメコミのヒーローたちを主役とする大作映画は、この三つのシリーズが進行中だ。マーベル・シネマティック・ユニバースの最新作『アベンジャーズ／エンドゲーム』は我が国でも記録的な興行成績をあげている。

私もこの三つのシリーズを楽しみに観てきた。ただ、原作コミックはほとんど読んでいない。本書を手にしたとき、映画の方しか知らずに理解できるだろうかと不安だったのだけれど、大丈夫、まったく問題ありませんでした。

全五章、ハルクとウルヴァリン、グリーン・ランタンとアイアンマン、バットマンとスパイダーマン、キャプテン・アメリカとミスター・ファンタスティック、ソーとスーパーマンを「対決」させ、それぞれにお題を与えて、著者は論考を進めてゆく。「人が内なる野獣性を抑えて人間性を維持してゆくには」「意志と想像力はどれほど信頼できるのか」「犯罪や汚職を防ぐためにはどのような制限を守らねばならないか」「理想を追求することは真に人を充足させるのか」「社会に秩序をもたらすには伝統を重視すべきなのか、現代的な進歩を信頼するべきなのか」。まさに倫理学的論考だけれど、スクリーンでお馴染みのヒーローたちのお話だから小難しいところは全くない。脚注も親切だ。

国産コミックのヒーローたちを集めても、きっとこのような本が成立すると思う。それを本書と読み比べてみれば、社会正義や国際平和、真の人間性や幸福についての普遍的な共通解と、些細(ささい)ではあるが相容れない国民性による差異が浮かび上がってくるはずである。堀内進之介監訳、塚越健司訳。　原題：SUPER HERO ETHICS　ＰＡＲＣＯ出版

5月26日付

『夜が暗いとはかぎらない』
寺地はるな

淡く優しく甘くなく

舞台は大阪近郊の暁町。この町に「あかつきマーケット」と呼ばれる商店の集まった場所がある。平べったい建物のなかに鮮魚店やパン屋などが十軒以上ひしめきあっていて、真ん中の広場ではあかつきまつりや福引きが行われる。ただ経営状態はよろしくなく、近々取り壊しと再開発が決まっている。

このあかつきマーケットのマスコット、着ぐるみのゆるキャラが「あかつきん」だ。水色のイヌかクマのようなアニマルで、童話の赤ずきんちゃんと同じような出で立ちをしている。本書の物語は、このあかつきんがあるとき失踪してしまい（姿を消す直前には暴れ出して取り押さえられたという）、その後なぜかしら町のあちこちに出没しては人助けをするようになった——という状況下でスタートする。

あかつきんは雪道で滑って転んだおじさんを助け起こしたり、両手をぱたぱた動かして夫婦喧嘩(げんか)の仲裁に入ったりする。ガード役らしい怪しい風体の男性が近くにいて、あかつきんがそういう現場に長居しないように連れ出してしまう。だから町の人たちのあいだで、「あかつきんのしっぽを摑(つか)むと幸せになれる」なんて都市伝説的な噂(うわさ)も囁(ささや)かれるようになる。

着ぐるみのあかつきんの中に誰が入っているのか、町の人たちは知っていた。でも、失踪して小さな親切運動をしているあかつきんの中身は別人らしい。その誰かはなぜあかつきマーケットから逃げ出し、善行を積んでいるのか。このほんわりした謎に多くの登場人物が交差して、一話ずつ主役をバトンタッチしながらお話は進んでゆく。妻とうまくいかない若い夫。友達のいない青年。厳しい父親に押さえつけられて育った姉を案ずる弟。恋人の嘘に悩む女性。勝ち気な祖母の「いい娘」を卒業できずに苦しむ母親のようにはなりたくないと怯える少女。

淡く優しく、でも甘くない筆致が快い。終盤、印象的なタイトルの意味が心にしみてくる。

ポプラ文庫

『ディストピア・フィクション論　悪夢の現実と対峙する想像力』　6月9日付

円堂都司昭

古典から話題作まで幅広く

ユートピアとは、トーマス・モアの小説の題名に由来する造語で、「どこにも存在しない理想の社会」を意味している。一方、その反対語として使われているディストピアは、フィクションの中には数多存在しており、私たちはそういう反理想的社会についてよく知っている。多くの小説やコミックや映画のなかで繰り返し繰り返し活写されるディストピアを享受してきたからである。

フィクションに限っては、人はユートピアよりもディストピアが好きだ。その心理は、ホラー小説や絶叫マシンを楽しむ心理に似ているのかもしれない。エンタテイメントとして「死」を疑似体験することで、私たちは命の価値を嚙みしめ、平凡な日常の輝きを見つめ直すことができる。それと同じメカニズムで、「お話」としてのディストピアに浸ることによって、自分が身を置いている現実の良いところを再確認し、フィクションのディストピアが未来の現実にならないようにするには何を心がけるべきなのかと考える機会を得る。

本書は四百ページを超える大著だ。分析と評論の対象とされているディストピア・フィクションは、小説では古典の『一九八四年』から『図書館戦争』『わたしを離さないで』『カエルの楽園』など近年の話題作までと幅広く、短編にも目配りしている。映画では『メトロポリス』『ブレードランナー』から『君の名は。』『ズートピア』『シン・ゴジラ』——『ズートピア』のどこにディストピア要素があるの？　と、謎解きミステリーを読むような興味をかき立てられる。膨大な数の作品が登場するので、（実際に私はそうしたのだが）本書を読んでから逆戻りで実作に触れることも多くなるだろう。つまり、本書は優れたエンタテイメント・ガイドでもある。一度通読するだけで終わらず、折々に読み返して糧となり、何より「面白い！」評論集だ。　作品社

6月16日付

『誰そ彼の殺人』

小松亜由美

死者の人生を垣間見る

著者の小松亜由美さんは大学の法医学教室に勤務する解剖技官である。ミステリー界では、二足の草鞋(わらじ)の片方が、もしくは前職が弁護士や医師だという作家は（もちろん絶対数は少ないけれど）珍しくない。だが、現役バリバリの解剖技官の登場は初めてではなかろうか。

私自身も含めて、多くのミステリー作家は身に覚えがある。「司法解剖の結果、被害者の推定死亡時刻は〇〇時で、傷の形状から推定される凶器は云々かんぬんで」というような描写をしたことがある。または、そういう描写のあるミステリー小説を読み、そのくだりは「被害者についての情報」だと割り切って、それ以上踏み込んだことを考えない。まあ、核となる謎と人間関係に向かってお話を進めるには、土台になる情報はできるだけ効率的に提示する方がいいのだから、これはけっして間違ったやり方ではないのです。

しかしですね。その道のプロにかかれば、そういう情報を得る段階そのものに魅力的なディテールがあり、謎と推理と解明のストーリーが成立するのだ。本書がその証である。主人公の梨木（なしき）楓（かえで）は仙台にある国立大学の法医学教室に勤め、宮城県内で発見される異状死体（変死体）の死因を究明することを職務としている。上司は准教授の今宮貴継。楓は二十代だし、今宮も三十二歳だ。四篇の収録作は謎も真相もとりどりで、一篇ごとに違う驚きをもたらしてくれるが、全体に漂う明るさと若々しさは、この主人公コンビの持ち味だろう。二人に絡む県警本部の検視官・小倉由樹（今宮とは高校時代の同級生）のお坊ちゃんぶりも可愛らしい。

印象的な場面はいくつもあるが、楓の、解剖室で遺体に向き合うときには職業意識しかなく、流血も臓器も慣れっこなのに、現場に臨場すると、死者のそれまでの人生を垣間見るようで緊張する――というところが私は好きだ。著者の人となりも垣間見えるような気がする。

幻冬舎文庫

『おまえの罪を自白しろ』　6月30日付

真保裕一

作家の個性が表れるフィクショナルなリアル

ミステリーの「誘拐もの」は、人質とその家族の心情、捜査当局を縛るタイムリミット、身代金受け渡しのサスペンス、メディアとの攻防、犯人の動機の意外性と、定番的な読ませどころが揃っているだけに、それを料理する作家の個性がよく表れる。たとえば現代史に通じる重厚な警察小説『64（ロクヨン）』（横山秀夫）。トリッキーな真相にのけぞる『二の悲劇』（法月綸太郎）。本書も、「待ってました！」と声をかけたくなるほど真保裕一らしいフィクショナルなリアルに満ちている。

三歳の子供の誘拐事件なんて、小説であっても痛ましくて憤（いきどお）ろしい。しかし本書の犯人の要求は、人質の祖父である衆議院議員・宇田清治郎に、彼が関与した公共事業にからむ疑獄の一切を白状させることなのだ。つまり一種の義賊なのか？　と思えば読む方の心も宙づりになる。人質の無事を願う家族と、疑獄を掘り起こしたくない総理+官邸サイドのあいだで、清治郎と彼の息子たちは煩悶(はんもん)する。犯人の要求を容(い)れて記者会見を開き「自白」するのか、それとも――。一気読みで夏の夜の寝苦しさを忘れられます。

文春文庫

『晩節の研究　偉人・賢人の「その後」』　7月7日付

河合　敦

上手に老いる難しさ

昔、NHKに「連想ゲーム」という人気番組があった。リーダーが出すヒントを手がかりに、回答者が言葉をあてて勝敗を競うという形式のクイズ番組だ。たとえばお題が「指揮者」なら、第一ヒントは「オーケストラ」。その真似(まね)をして、では第一ヒントです。「汚(けが)す」。これでどんな言葉を連想しますか。

大多数の方が「晩節」と答えるのではないかと思う。人が歳をとってから、それまでの良い功績をかき消してしまうような不始末をしでかすことを、「晩節を汚す」という。これ以外の形ではこの言葉を使わないような気がするほど、耳に馴染んだ言い回しだ。

これは、「晩節」さんには気の毒な現象である。言葉自体は単に「老後」「晩年」をさしているだけなのだから。ただ、ある人物の若いころの功績が輝かしければ輝かしいほどに、その人が晩年になって再び世間の注目を集める機会は、良いことよりも、悪いことやスキャンダラスなことをしでかした時の方が多い——という悲しい傾向があるのは確かなのだ。英雄や成功者が凡々と穏やかな晩年を過ごしている場合は、誰も強い関心を寄せたりしないからである。

本書はそういう、普段はほとんど注目されることのない、歴史上の著名人たちの晩年期を取り上げた、ちょっと珍しい研究本だ。古代・中世・近世・近代の四つの時代から、教科書に登場するような偉人・傑物たちを選び出し、その老後の生き方、彼らの人生がもっとも輝いた時期の「その後」を見つめている。病に苦しみ政敵の怨霊に怯えながら没した藤原道長。親不孝な息子を義絶しなければならなかった親鸞。勘違いで人を殺（あや）めて獄死した平賀源内。彼らを「汚す」組とするならば、生涯現役を貫いた大岡忠相や、独自の健康法で八十代まで活躍した貝原益軒は「晩節でなお輝く」組だ。できれば後者になりたいものだが、上手に老いるのは難しい。溜息（ためいき）が出てしまいます。

幻冬舎新書

『ファンタジーと英国文化　児童文学王国の名作をたどる』

8月4日付

安藤　聡

「なるほど」と「知らなかった!」

英国産のファンタジー小説といえば、『ホビットの冒険』『指輪物語』『ナルニア国物語』という古典から、『ハリー・ポッター』シリーズ。『チャーリーとチョコレート工場』も、ジブリで美麗なアニメーション映画になった『ハウルの動く城』や『思い出のマーニー』も原作は英国産だ。愛らしいクマのパディントンを忘れてはいけないし、何と言っても『不思議の国のアリス』がある。

こうした作品群の想像世界を生み出した英国の文化・文芸事情を解説した本書をひもとくと、「なるほど」と「知らなかった!」が次々と出てきて目を瞠(みは)る。特に第七章の「ジェイン・オースティンと児童文学」は、『高慢と偏見』『エマ』などで有名なこの女性作家の諸作品が、その語りの技法を通してハリー・ポッターやナルニアに大きな影響を与えていることを分析しており、ファンタジー小説がお好きな方はもちろん、自分でも書いてみたいと思う方にはとても参考になると思う。映画は観たけれど原作はまだという方には、ガイドブックとしても楽しく読むことができる一冊だ。

彩流社

『コ・イ・ヌール　美しきダイヤモンドの血塗られた歴史』

ウィリアム・ダルリンプル、アニタ・アナンド

8月25日付

恐るべき宝石の来歴

呪われたダイヤモンドというと、米国の国立自然史博物館に所蔵されている「ホープダイヤ」が有名である。持ち主を破滅させるという大粒のブルーダイヤだ。

本書の主役である「コ・イ・ヌール」（光の山という意味）と呼ばれるダイヤモンドは、さしずめその英国版である。ホープダイヤほどの知名度はないが、格式は高い。なにしろこちらは英国王室の王冠に飾られ、現在はロンドン塔に所蔵されている。インドから英国に渡るまでの数百年間、いくつもの国家とその王家・統治者のあいだを転々としながら、行く先々で災いをもたらしたという忌まわしい宝石。その血塗られた歴史の恐ろしさ故に、エリザベス女王はコ・イ・ヌールのついた王冠をかぶろうとしないとか。

その話、どこまで真実なんだろう？

転がる宝石には物語がからみつき、虚実一体となって輝きを増してゆく。本書の著者二人は、虚飾や誇張抜きのコ・イ・ヌールの真の歴史を求め、これまで紹介されることのなかったペルシャやムガル帝国時代の資料をひもとき、富と権力の象徴として求められ、やがては恐れられることとなったグレート・ダイヤモンドが発掘された時点からその来歴を綴り直そうと試みた。その成果が本書だ。歴史ノンフィクションであり、歴史ミステリーでもある。

二部構成で、馴染みのない人名や地名がぞろぞろ出てくる前半はなかなか歯ごたえがあり、死とロマンの宝石物語を期待してページを繰ると、少々しんどいかもしれない。本書がまさしく徹夜本となるのは第一部も後半、「コ・イ・ヌールを手にした者のなかで、ランジート・シングほどそれを珍重した者はいない」という一文で始まる第五章からだ。物語的に言うなら、コ・イ・ヌールの真の呪いが発動するのもこのページからである。美しい口絵の数々も堪能していただきたい。杉田七重訳。

原題：KOH-I-NOOR　創元ライブラリ

9月1日付

『地獄めぐり』
加須屋 誠

有り難い恐ろしい地獄

地獄〜めぐりの〜バスは走る〜。などとおちゃらけてはいけない。本書は真面目な地獄のガイドブックなのである。誰でも心のなかに一つや二つ、（自分はストレートに極楽へは行けないかもしれない、地獄行きの可能性がある）と不安に思う理由をお持ちだろう。作り話ばかり書いてきた私なんぞは、妄語の罪でまっしぐらに地獄行きのクチだ。本書で「地獄の歩き方」を予習できるのは心強い。

地獄へと旅立つ出発点は、もちろん「死」である。本書は第二章で、まず私たちの祖先が「生」から「死」への道程をどのように捉えていたのかを考える。「老いの坂図」と「六道十王図」（第一幅・死の山）を鑑賞し、いよいよ第三章からが地獄めぐりだ。ここで明快に提示される地獄の場所と構造にびっくりする。昔の人びとは、こんなにも具体的な地獄観を持っていたのである。

普通に生活していたら、地獄について筋道立てて教わる機会のない現代人でも、閻魔（えんま）様の裁きや針の山や血の池や釜ゆでなどの地獄の要素のいくつかを何となく知っている。それは本書に紹介されている多くの「地獄絵」などの創作物のおかげだ。ご先祖様たちは地獄のことを真剣に想像し、そこから照らして人はどのように生きるべきかと思索し続けてくれた。第五章「地獄絵を観た人たち」の清少納言や西行、後白河法皇のエピソードがとても面白い。

作家の生涯を理解し、作家が作品に込めた意図を読み取ることを最大の課題とした旧来の美術史に対し、作品の鑑賞者（私）の現在を問い、多くの鑑賞者の「まなざし」を重ね合わせることで作品を解釈しようとする動きが「新しい美術史」だ。二十年ほど前から始まったこの新しい美術史の観点で「地獄絵」を見つめることが、今の私たちが善悪をどう捉えているのか、人生に何を求めているのかを問い直す一助となる。恐ろしい地獄は、実は有り難いものなのです。

講談社現代新書

『21匹のネコがさっくり教えるアート史』

ニア・グールド

9月22日付

可愛いネコたちが自ら絵のモデルに

芸術の秋が来た。私は西洋絵画を観るのが大好きなのだが、いつも展覧会ではパンフレットを読み、解説を聴いて理解したつもりになっても、個々の知識は断片的なまま。印象派、キュビズム、アール・デコ。それはこんな感じの作品でどっちが先でどっちが後で、さらに後代にこんな影響を与えたんだよと、流れをつかむまでには至らない。

そこで、この二十一匹のネコちゃんたちに教えてもらうのです。ビビッドなカラー版であることも嬉しい本書は、可愛いネコたちが自ら絵のモデルとなり、古代エジプトを振り出しに、ビザンティン美術、ルネサンス、ロココ、印象派——と美術史の階段をのぼりながら、個々の時代を築いた運動や思想、そこから生まれた画風と技法の特徴をわかりやすく見せてくれる。写真で紹介しているのはダダイスム。ホントに、にゃんともアナーキーでしょう?　上杉隼人訳。

原題：A HISTORY OF ART IN 21 CATS　すばる舎リンケージ

『21匹のネコがさっくり教えるアート史』より

『ブルシャーク』

雪富千晶紀

正統派の「ジョーズ」小説

9月29日付

来常湖は、富士山を仰ぐ山間にある美しい貯水湖だ。もうすぐ自治体主催のトライアスロン大会が開催される。しかしこの水の底には不穏な影が——。やがて発生する奇妙な行方不明事件。湖に生息する魚や亀、水鳥たちは知っている。その影の正体を。

タイトルのブルシャークとはオオメジロザメのことだ。獰猛で敏捷で、世界三大危険鮫の一つとされている。これだけ書けばもうお察し、本書は正統派の「ジョーズ」小説である。あの名作映画では鮫ハンターの漁師が活躍したが、本書では女性海洋生物学者が謎のブルシャークを追跡する。但し彼女は鮫を憎んではいない。むしろ守ろうとしている。ここがユニークな読みどころだ。

山のなかの淡水湖にどうやって鮫が侵入できる？　錯覚と思い過ごしじゃないの？

疑問と思惑が交錯するなかで、巨大ブルシャークは密（ひそ）かに犠牲者を喰（くら）っている。その恐怖を読者はつぶさに見せつけられるのに、主人公たちは終盤まで知り得ないのがスリリング。ついにトライアスロン大会が始まってからは、驚愕のラストまで一気読みです。

光文社文庫

10月13日付

『長寿と画家　巨匠たちが晩年に描いたものとは？』

河原啓子

最晩年の絵が示す希望

以前この欄で、『晩節の研究』という新書をご紹介した。歴史上の著名人たちの様々な晩年の生き方を追ったこの本を読みながら、いちばん強く「こうなれたら理想だけど、自分には無理だ」と感じたのが、葛飾北斎の晩年だった。八十九歳で没する直前まで向上心を保って新しい作品を描き続けたのだから、まさに生涯現役である。羨ましいけれど、めったに憧れてはいけない気がする。だって、芸術家の生涯現役に必要なのは身体の健康だけではない。強靭（きょうじん）な精神、熱い魂、それをコントロールして創作に没入してゆく意思の力。ハードル高すぎだ。

ところが絵画の世界では、北斎が飛び抜けた例外ではないから驚きである。画家には長生きの人が多いのだ。そんな長寿の画家十五人がそれぞれの最晩年に残した作品を鑑賞しつつ、彼らの生き方を参考に、仕事と人生について考えようというのが本書のコンセプトだ。作品はもちろん美麗なカラーで収録されている。

全員、巨匠である。ゴヤ（82歳没）、ターナー（76歳）、ドガ（83歳）、モネ（86歳）、ルノワール（78歳）、ムンク（80歳）、マティス（84歳）、ルオー（86歳）、ピカソ（91歳）、シャガール（97歳）。我が国からは北斎のほかに、伊藤若冲（84歳）、横山大観（89歳）、熊谷守一（97歳）、岡本太郎（84歳）、という超豪華な顔ぶれだ。ムンク？　あの《叫び》の作者は長生きだったの？　と最初は驚くが、本書のページを繰ってムンクの人生をたどり、最晩年の作品《エーケリィの庭での自画像》に描かれている、帽子をかぶったのっぺらぼうの男が身にまとうのほほんとした明るさと、《叫び》の不穏に揺れる描線と切迫した色使いとを見比べてみると、たとえ人間の闇に傷つき苦悩しながらでも、生き続けることで到達し得る幸福と平穏の境地があるのだな、と思えてくる。それは巨匠ならぬ身の私たちにとっても、遠く小さく光る希望の星にならないだろうか。

フィルムアート社

『「生類憐みの令」の真実』

10月20日付

綱吉名君説に再考促す

仁科邦男

江戸幕府の五代将軍・徳川綱吉の治世には、後世「忠臣蔵」として広く知られることになる赤穂事件があった。四十七士の吉良邸討ち入りがクライマックスになる忠臣蔵は何度もNHK大河ドラマの題材になり、当代の人気俳優を配したオールスター映画にもなっている。

そうした数々のフィクションのなかで、綱吉はほぼ常に悪役、「生類憐(あわれ)みの令」という悪法で庶民を苦しめた横暴でエキセントリックな権力者として描かれてきた。ドラマや映画のなかで、野良犬から子供を守った浪人が処罰されるなど、非道で理不尽な場面を見たことのある方は多いはずだ。私もその一人である。

ところが近年になって、「綱吉は文治国家の礎を築いた名君だった」「生類憐みの令は稀代(きだい)の悪法だという歴史認識は間違っている」という説が多くの支持を得るようになってきた。今ではこちらの方が多数説なのだそうだ。多くの辞書・事典類、高校教科書もこの見直し論に転じているというのだから驚きである。しかし、著者はまずこの流れに再考を促すところから本書の論考を始める。

そもそも私たちは「生類憐みの令」をちゃんと知っているだろうか。どういう発想で作られ、どのように施行されていたのか。本書はそれを、フィクションのベールを丁寧にはぎながら、つぶさに教えてくれる。まさに「真実」の連打で、第一章からびっくりだ。二十六歳で鷹(たか)狩りをやめ、コイやフナやウナギを料理して食べるのを禁じることから始まった綱吉の生類を慈しむ治世は、私にはやっぱりグロテスクに思えた。

本書は敷居の高い専門書ではない。史料は全て易しい現代文に直されていて、気軽に読むことができる。これまでの思い込みがひるがえされてゆくプロセスは、優れた謎解きミステリーにも通じていてエキサイティングだ。ぜひ味わってみていただきたい。

草思社文庫

『かわいい見聞録』

益田ミリ

10月27日付

輪ゴムの「かわいい声」とは？

今年の夏も酷暑だった。秋になったら続けざまの台風で大きな被害が出た。寝付かれない夜が続いた。そこで益田ミリさんの本だ。疲れた心に滋養と休息を与えてくれるコミックエッセイである。

本書のテーマは「かわいい」だが、世間によくある「可愛い～」というフレーズとは目の付けどころがちょっと違う。たとえば「小学生のかわいい下校シルエット」。ミリさんは「下校中の小学生はかわいい。登校中より断然かわいい」と言う。たとえば「輪ゴムたちのかわいい声」。輪ゴムはわかる。カラーの輪ゴムはきれいですよね。でも「かわいい声」とは？　本書を読んでナルホドと膝を打ってください。

本書にそそられて、わざわざちょっと遠くの喫茶店に行った。おめあては、かわいいジオラマ感のあるプリン・ア・ラ・モード。そう、私もプリン・ア・ラ・モードが平たいお皿で出てくるとがっかりするんです。高床式でなくっちゃね！

集英社文庫

『かわいい見聞録』より

『ツナグ　想い人の心得』

辻村深月

命の尊さを讃える物語

ツナグ。本書の世界では「使者」と書いてそう読む。それは死者と生者を会わせることができる窓口。生者から依頼を受け、死者と交渉し、面会の場を設定するのがツナグの仕事だ。ツナグは知る人ぞ知る存在で、作中でも登場人物の一人が「都市伝説みたいなものかと思ってた」と発言している。仮にあなたや私が懐かしい死者との面会を切望してツナグを探しもとめても、出会えるかどうかは「ご縁」による。

作者の辻村深月さんは今さらご紹介するまでもない人気作家だが、その多彩な作品群のなかでも、二〇一〇年に上梓(じょうし)された『ツナグ』はひときわ光り輝く逸品だ。長年に亘(わた)ってツナグをしてきた優しい祖母からその役目を引き継ぐ渋谷歩美という高校生の男の子の目を通し、死者との再会を望む人びとの想いと、ひとときの再会から生まれる波紋のようなドラマを描いた美しい連作短編集だった。

本書はその待望の続編である。作品内時間では前作から七年後のお話なので、歩美は小さなおもちゃ会社に勤める社会人二年生。ツナグとしての経験も積んで一人前になっている――はずなのだが、第一話ではなかなか彼が出てこない。「私が使者だよ」という、小生意気で達者な子役みたいなこの女の子は何者なんだ？ と気を揉むのも楽しい導入から、五篇のエピソードが展開される。

歩美の七年の歩みに、現実世界では九年の時が過ぎた。そのあいだに多くの自然災害が起こり、数多の悲しい別れがあった。死者への祈りに、私たちは幾たびも頭を垂れてきた。この厳しい時代に、『ツナグ』のシリーズほどふさわしいお話はない。今を生きる読者に寄り添い、命の尊さを讃えながら、「死が全てを無に帰すわけではない」ことも思い出させてくれる。古来から、まさに人の心をそのように慰め、明日への勇気を与えるために、物語というものは創り続けられてきたのだから。

新潮文庫

『死の海「中河原海岸水難事故」の真相と漂泊の亡霊たち』後藤宏行　11月17日付

『私は幽霊を見ない』藤野可織

幽霊の持つ心情的意味

昭和三十年七月二十八日、三重県津市の中河原海岸で、同市の中学校の生徒約四百名が水泳の授業を受けていた。全員が海に入って泳ぎだしてすぐに異変が発生、次々と生徒たちが溺れ始め、結果的には三十六名の女子生徒が死亡するという大惨事になった。

悲劇は直後から広く新聞報道され、ようやく戦争の影を振り切って平時に戻った当時の社会を震撼させた。事故原因は詳しく調査され、責任追及は法廷闘争にまで発展した。

一方、そうした現実的な収拾策の傍らで、小さな噂が囁かれるようになる。

「溺死した女子生徒たちは、海中深くから現れた防空頭巾姿の女性たちの亡霊によって、深みに引きずり込まれていったのだ」と。

この中河原海岸水難事故は、今でも、死霊が生きた人間に害をなした最大最凶の幽霊事件として語り伝えられている。『死の海』はその「伝説」の部分を丁寧な調査によって解体しつつ、こうした大きな悲劇にしばしば付きまとって生まれる怪異譚が、その後の時代を生きた関係者の方々にとって、ひいては現代社会の私たちにとって、どんな心情的意味と必然性を持つものなのかを真摯に考察している。

著者の後藤氏が「あとがき」で、「性差の観点から当時の社会状況を研究していればもっと深く掘り下げることができたかもしれない」と記しているのが印象に残り、あれこれ考えあぐねていたのだが、そんなときに藤野さんの『私は幽霊を見ない』に出会った。幽霊を見たことはないけれど見てみたい、怖いけれど興味がある、とりわけ敬愛する文豪の幽霊ならば何としても会ってみたい――と綴るこの愉快で真面目なエッセイの最終章「幽霊とは生きているときに上げられなかった声だ」を読み、ぱっと光をあててもらったような気がした。こういう偶然のセッションみたいな読書体験は貴重だ。本欄の読者の皆様にもお勧めしたい。

『死の海』洋泉社／品切れ
『私は幽霊を見ない』角川文庫

12月15日付

『怪奇日和』

ジョー・ヒル

緻密でクールな文体

著者のジョー・ヒルは、「蛙の子は蛙」という諺の真実を体現する作家である。父親がホラーの帝王スティーヴン・キングなのだから。父子で作風もよく似ている。ぱっと見ではどちらの作品か見分けがつかないほど分厚い文章の連なり方もそっくりだ。

ただ、デビュー作『20世紀の幽霊たち』で私たちホラーファンを仰天させたときから、ジョー・ヒルの持ち味は、父キングのあの絨毯爆撃のような映像的描写力ではなく、事実を積み上げてゆくノンフィクション的な緻密でクールな文体にあることは見えていたと思う。四作の中編小説を集めた本書でも、古式ゆかしいポラロイドカメラ怪異譚の「スナップショット」、不思議なスカイダイビング体験記「雲島」、容赦のない超異常気象を描く「棘の雨」、どれも面白いけれど、圧巻はリアルな事件ものの「こめられた銃弾」だ。山火事が迫る町で発生した銃撃事件と、それに巻き込まれた人びとの交錯する思惑がよじれて、最悪のところに帰結する。傑作だが、銃床でぶん殴られたみたいな読後感にはご注意ください。白石朗ほか訳。

原題：STRANGE WEATHER　ハーパーBOOKS

◎2019年を振り返って

『文豪ノ怪談　ジュニア・セレクション』を全ての学校図書室に！　という願いは今もこの胸にあります

初出　『読売新聞』「本よみうり堂」
　掲載日は、各項目に記載しています。
書誌情報は二〇二三年十月時点のものです。

本文ＤＴＰ／市川真樹子

宮部みゆき　Miyabe Miyuki

1960年東京都生まれ。法律事務所等に勤務の後、87年「我らが隣人の犯罪」でオール讀物推理小説新人賞を受賞しデビュー。92年『龍は眠る』で日本推理作家協会賞長編部門、同年『本所深川ふしぎ草紙』で吉川英治文学新人賞、93年『火車』で山本周五郎賞、97年『蒲生邸事件』で日本SF大賞、99年『理由』で直木賞、2001年『模倣犯』で毎日出版文化賞特別賞、司馬遼太郎賞、芸術選奨文部科学大臣賞文学部門、07年『名もなき毒』で吉川英治文学賞、08年英訳版『BRAVE STORY』でThe Batchelder Award、22年菊池寛賞を受賞。

中公新書ラクレ 803

宮部みゆきが
「本よみうり堂」でおすすめした本
2015-2019

2023年11月10日発行

著者……宮部みゆき

発行者……安部順一
発行所……中央公論新社
〒100-8152 東京都千代田区大手町 1-7-1
電話……販売 03-5299-1730　編集 03-5299-1870
URL https://www.chuko.co.jp/

本文印刷…三晃印刷　カバー印刷…大熊整美堂　製本…小泉製本

Published by CHUOKORON-SHINSHA, INC.
Printed in Japan　ISBN978-4-12-150803-4　C1295

L614
奇跡の四国遍路
黛 まどか 著

二〇一七年四月初旬、俳人の黛まどかさんは、総行程一四〇〇キロに及ぶ四国八十八か所巡礼に旅立った。全札所を徒歩で回る「歩き遍路」である。美しくも厳しい四国の山野を、施しを受け、ぼろ切れのようになりながら歩き継ぐ。倒れ込むようにして到着した宿では、懸命に日記を付け、俳句を作った。次々と訪れる不思議な出来事や奇跡的な出会い。お遍路の果てに黛さんがつかんだものとは。情報学者・西垣通氏との白熱の巡礼問答を収載。

L634
人生の十か条
辻 仁成 著

作家で、ミュージシャンで、一人の父、辻仁成氏。多様な活動を前に生じた想いをツイッターやWEBサイトを通じて発信している。この新書は、その辻氏が配信して反響を呼んでいる「十か条」に、書き溜めたコラムやエッセイを合流、大幅に加筆編集をしたもの。悩んだときや壁にぶつかったとき、あなたはどう考え、そしてどう行動するべきか? 不運、トラブル、人間関係。どんなに辛いことも、この「十か条」があれば、きっと大丈夫。

L678
英語コンプレックス粉砕宣言
鳥飼玖美子＋齋藤 孝 著

日本人がなかなか払拭することのできない英語コンプレックス。中学・高校の六年間学んでも話せるようにならない絶望が、外国人と軽妙なパーティトークをできない焦りが、過剰な「ペラペラ幻想」を生んでいる。英語教育の現場をよく知る二人が、コンプレックスから自由になるための教育法・学習法を語り合う。とりあえず英語でコミュニケーションを取るための具体的な方策も伝授。黒船ショック以来、日本人に根付いた劣等感を乗り越える!

L697
世紀の落球
――「戦犯」と呼ばれた男たちのその後
澤宮 優 著

北京五輪の野球日本代表となったG.G.佐藤。今も語り継がれる高校野球星稜・箕島戦の星稜一塁手加藤直樹。最終戦で敗れ、巨人のV9を阻止できなかった阪神の池田純一中堅手。彼らは、大事な試合で大きなミスを犯したとして、ファンやマスコミから非難を浴び、人生が暗転した。理不尽なバッシングとどう戦い、そして立ち直ったのか。「落球」の烙印を背負った男たちの「その後」を辿るスポーツノンフィクション。

L699
たちどまって考える
ヤマザキマリ 著

パンデミックを前にあらゆるものが停滞し、動きを止めた世界。17歳でイタリアに渡り、キューバ、ブラジル、アメリカと、世界を渡り歩いてきた著者も強制停止となり、その結果「今たちどまることが、実は私たちには必要だったのかもしれない」という想いにたどり着いたという。混とんとする毎日のなか、それでも力強く生きていくために必要なものとは？ 自分の頭で考え、自分の足でボーダーを超えて。あなただけの人生を進め！

L706
初歩からのシャーロック・ホームズ
北原尚彦 著

1887年、『緋色の研究』にて世に登場して以来、シャーロック・ホームズは小説、コミック、映像、ゲームなどメディアの変遷に乗り、名探偵として世界中で親しまれてきました。本書は、日本屈指の研究家がそんなホームズの人気と謎に迫り、魅力を初歩から解説します。マニアも楽しめる読み所とエピソードが満載、資料も入った永久保存版です。これから読む人には最高の入り口となり、正典60篇を読み終えた人にはその後の指針たらんことを！

L709
ゲンロン戦記
―「知の観客」をつくる
東　浩紀 著

「数」の論理と資本主義が支配するこの残酷な世界で、人間が自由であることは可能なのか？「観客」「誤配」という言葉で武装し、大資本の罠、敵／味方の分断にあらがう、東浩紀の「生き延び」の思想。哲学とサブカルを縦横に論じた時代の寵児は、2010年、新たな知的空間の構築を目指して「ゲンロン」を立ち上げ、戦端を開く。いっけん華々しい戦績の裏にあったのは、予期せぬ失敗の連続だった。ゲンロン10年をつづるスリル満点の物語。

L717
ビジネスパーソンのための「言語技術」超入門
―プレゼン・レポート・交渉の必勝法
三森ゆりか 著

社会で真に求められるのは、論理的思考力を活用して考察し、口頭や記述で表現できる人材である。しかし「国語」の教育は受けたはずなのに、報告書が書けない、交渉も分析もできないという社会人は多い。これまで有名企業や日本サッカー協会などで「言語技術」を指導してきた著者が、社会に出てから使える本当の言語力＝世界基準のコミュニケーション能力を身につけるためのメソッドを具体的に提示。学生・ビジネスパーソン必読の一冊！

L718

老いる意味

——うつ、勇気、夢

森村誠一 著

老いれば病気もするし苦悩もする。老人性うつ病を克服した著者の壮絶な体験を告白。だが、身体が老いても病を経験しても心は老いてしまうわけでない。老いを恐れず残された日々を自然体でいること。良いことも悪いこともすべて過去の出来事として水に流す。老いの時間を「続編」や「エピローグ」のつもりでなく「新章」にすればいい。夢は広がり、いくつになっても新しいことが始められる。米寿を迎えた作家・森村誠一渾身の「老い論」の決定版。

L719

「失敗」の日本史

本郷和人 著

メディアで引っ張りだこの東京大学史料編纂所・本郷和人先生が、「日本史×失敗」をテーマにした新書を刊行！　元寇の原因、実は鎌倉幕府側にあった？　生涯のライバル、上杉謙信・武田信玄ともに跡取り問題でしくじったのはなぜ？　明智光秀重用は織田信長の失敗だと断言できる？　日本史を彩る英雄たちの「失敗」を検証しつつ、そこからの学び、さらには「もし成功していたら」というifまで展開。失敗の中にこそ、豊かな〝学び〟はある！

L726

東京を捨てる

——コロナ移住のリアル

澤田晃宏 著

コロナ下で地方移住への関心が高まっている。コロナ流行後に東京から兵庫県淡路島に移住した著者が、コロナ移住者や移住支援機関、人気自治体を訪ね歩き、コロナ下の人の動きを徹底取材。注目を集める地域おこし協力隊や新規就農の実態もレポートする。田舎の生活費や補助金情報、空き家の探し方から中古車の選び方まで、地方移住に関する実用的な情報を網羅し、ガイドブックとしても読める1冊だ。

L747

辛酸なめ子の独断！流行大全

辛酸なめ子 著

「アイス・バケツ・チャレンジ」「ＹｏｕＴｕｂｅｒ」「プレミアムフライデー」「ぴえん」「うんこ漢字ドリル」「ざんねんないきもの」「ＫＯＮＭＡＲＩ」……。経済・社会風俗・科学・芸能、あらゆるジャンルの時代を読み解くキーワードを、辛酸なめ子が華麗に分析。徹底した取材とフィールドワークにより流行の真実の姿が見えてくる（かもしれない）、現代を生きぬくための必読書。イラスト多数でたっぷり250語収録。分厚い新書で恐れ入ります！

L755
メタ認知
――あなたの頭はもっとよくなる
三宮真智子 著

頭のよさとは何か？ その答えの鍵となるのが、「メタ認知」。自分の頭の中にいて、冷静で客観的な判断をしてくれる「もうひとりの自分」。それが「メタ認知」だ。この「もうひとりの自分」がもっと活躍すれば、「どうせできない」といったメンタルブロックや、いつも繰り返してしまう過ち、考え方のクセなどを克服して、脳のパフォーマンスを最大限に発揮することができる！ 認知心理学、教育心理学の専門家が指南する、より賢い「頭の使い方」。

L759
老いを愛づる
――生命誌からのメッセージ
中村桂子 著

白髪を染めるのをやめてみた。庭の掃除もほどほどに。大谷翔平君や藤井聡太君にときめく――年を重ねるのも悪くない。人間も生きものだから、自然の摂理に素直に暮らしてみよう。ただ気掛かりなのは、環境、感染症、戦争、成長一辺倒の風潮。そこで、老い方上手な諸先輩（フーテンの寅さんから、アフガニスタンに尽くした中村哲医師まで）に学び、次世代につなぐ「命のバトン」を考えたい。生命誌のレジェンドが綴る、晩年のための人生哲学。

L761
娼婦の本棚
鈴木涼美 著

キャバクラやアダルトビデオなど、夜に深く迷い込んで生きていた頃、闇に落ちきることなくこの世界に繋ぎ止めてくれたのは、付箋を貼った本に刻まれた言葉だった――。母親が読んでくれた絵本の記憶、多感な中高生の頃に出会った本、大学生からオトナになる頃に手に取った本など、自らを形作った20冊について綴る。アリス、サガン、鈴木いづみ、岡崎京子、山田詠美、橋本治……新たに、または改めて、本と出会える読書エッセイ。

L792
新版 中野京子の西洋奇譚
中野京子 著

箒にまたがり飛翔する魔女、笛吹き男に連れられて姿を消したハーメルンの子どもたち、悪魔に憑かれた修道女、死の山の怪……。科学では説明できない出来事や、人々が語り継がずにいられなかった不思議な話。誰もが知る伝承に隠された、恐ろしい真実とは？ 歴史奇譚の魅力に触れたら、あなたはもう、戻れない……。稀代の語り手が贈る、21の「怖い話」。新版刊行に際し、「余話「怖い」に魅かれる一因」「奇譚年表」も収録。